地域が活性化する

地方創生SDGs戦略と銀行のビジネスモデル

経営コンサルタント・中小企業診断士

中村 中 ㊜
Nakamura Naka

ビジネス教育出版社

はじめに

　一昔前ならば、地域活性化は行政の仕事でした。地域のリーダーである県知事や市長・村長などが声掛けをして、町内会長が、汗を流して頑張りながら地域を盛り上げていきました。最近では、17の目標を踏まえた「SDGs戦略」の役割が高まっています。地域活性化は「SDGs戦略」を理解し、地域の役割を認識した上に、地域の企業や住民の賛同を得ながら熱意を持って遂行していかなければならないということです。また、地域のデータとして、経済産業省が旗振りをしている「ローカルベンチマーク・RESAS（地域経済分析システム）」や総務省統計局の「経済センサス」などを使って地域の企業や市町村データ分析ができるようになっていますから、従来からあった「まち・ひと・しごと創生総合戦略」の動きに加わって、効果的な活動になっています。

　ただし、誰もがこのデータ分析ができるとは言えません。地域金融機関メンバーこそ、民間機関の代表として、国の施策と相乗効果をもたらす地域創生や活性化施策に貢献ができると思います。民間人として、客観的な視点で冷静に分析することができるはずです。

　少子高齢化と都市への人口シフトの下、人材リストラに抗して残っている金融機関メンバーこそ、「SDGs戦略」と地域データの活用における民間機関の代表になると思います。地域経済を大きく眺めてみると、地方の若手の労働人口が減少し、生活の糧になる農林水産業に携わる労働人口も減り、付加価値を高める製造業や、豊かで円滑なサービスを提供する情報サービス業も衰退しています。その中にあって、地域のエリートが集まる金融機関、そして、行政機関や学校・病院などの機関は、辛うじてその人員を維持しています。

　地域における若手は、人材リストラが進んでいるとはいえ、まだ金融機関などに残っていると思われます。地域金融機関は、もともと偏差値の高い学生の就職先であったことから、地域のデータを分析できる人材が多くいますし、ビジネスの実務知識や経験を持っており、地域にとっては貴重な知見者と言えます。地域の一般の住民には、やはり、「SDGs戦略」や「ま

ち・ひと・しごと創生総合戦略」などの施策の内容を十分に理解すること
は馴染まないかもしれませんが、銀行員は、それほど大きな負担もなく、
この新しい概念を身につけることができると思います。

　このような地域の環境の中において、現在の地域のリーダーや行政機関
また税理士などの士族の皆様は、銀行員の地域創生や活性化への活用を考
え、逆に銀行員はもっと地域への貢献について、真正面から検討すること
をお勧めしたいと思います。

　本書は、このような流れを捉えて、銀行員がいかに地域創生や活性化に
役立つことができるかと言う視点で、「SDGs戦略」とその具体策ともいえ
る「まち・ひと・しごと創生総合戦略」について述べていきます。同時に、
金融機関メンバーが最も得意としている企業分析と資金ニーズの見つけ方
に触れ、企業と金融機関が連携した地域貢献と、金融機関の収益源になる
ビジネスモデルについて、詳しくお伝えしたいと思います。そして、銀行
員は、企業自身の強みやそのキャッシュフロー・融資実行・返済財源まで
理解することができますので、普通の企業や住民にはなかなか発見できな
いような、企業をベースにした地域貢献の手法も見つけ出すことができる
ものと思われます。

　なお、最近の新型コロナウイルスの感染防止のため、現在は、国をあげ
て、三密（密集・密接・密閉）回避の励行やテレワークの推進、医業従事
者への配慮が、喫緊の課題となっており、全員でこれに注力しなければな
りません。そのためには、マクロ的な考え方は暫くお休みにしなければな
らないと言うような空気が流れています。しかし、この防衛活動を効果的
に行い、個人個人が精神的な安定を保つためには、より広く長期的な見方
が今こそ必要であり、国際的には既に常識となっている「SDGs戦略」の
考え方を再認識しなければならないと思います。

　そこで、日々の融資活動に、一層、役立つ手法を「SDGs戦略」に絡め
てご紹介したいと思います。

　2020年5月

中村　中

目　　次

4章 これからの地方創生・地域活性化はSDGsによって決まる!?

5章 地方創生とSDGs金融

6章　金融検査マニュアル廃止後の金融機関ビジネスモデルとSDGs金融

7章　金融検査マニュアル廃止後の金融機関の審査資料の準備

1 章

金融検査マニュアル
公表前の融資業務

1 昭和時代の融資担当者向け導入研修ではお金の役割を学ぶ

　私が銀行に入社したのは1974年で、第一次オイルショックが始まり、物価が急騰したときでした。入行後の集合研修で、われわれ新入行員は、銀行員の責任と生きがいについて学び、銀行員生活のスタートを切りました。

　そして、各地にある支店に配属されると、銀行の事務の基本である「預金・為替」のセクションの仕事を経験しました。その後、新入行員が、誰もがあこがれていた貸出業務を行うことになりました。当時は、貸出に関する研修があって、融資の必要性と融資担当者の心構えを叩き込まれました。

　まず、お金の機能は３つあると言われました。「価値の交換手段」であり、「価値の保存」であって、「価値の尺度」であるという抽象論を、われわれは教わり、事例で説明されました。「お金がなければ、欲しいと思う自転車を買えないでしょ。自分の周りにある、本やボールペンをどのくらい集めれば、２万円という定価の自転車を買えるでしょうか。この自転車と交換するためには、多くの本やボールペンが必要であっても、実際、そんなに多くの本やボールペンは瞬時には集めることはできませんね。そのとき、２万円というお金があれば、自転車を買うことができるのです。これはお金の価値の交換手段という機能です。」そして、「その本やボールペンは時間が経てば、古本になったりインクが固まって使い物にならないかもしれませんね。でも、お金はずっと２万円の価値を保ち続けるのです。これがお金の価値の保存という機能ですよ。」

　さらに、「このことによって、自転車と、何冊かの本と何本かのボールペンの束が、同じ２万円という価値であることが分かることになるのですね。これがお金の価値の尺度という機能です。」このように説明されて、自転車と本とボールペンの実例によって、お金の価値の機能、すなわち、お金の真価について、理解を求められました。

　貸出とは、お客様が要求し決められた金額と期間、そのお金の機能を提供するという行為のことです。そして、この貸出の説明は続きました。「お客様は、その金額で自転車を仕入れて、しばらく在庫として保有したのちに、利益を上乗せして、『2万円＋α』で売却するのです。その買い手が、クレジットカードで支払いするならば、その決済日に借りたお金を超える金額が入金になって、返済することができるのです。」すなわち、銀行員は地元のお客様から預かった大切なお金である『預金』を貸出して、『貸出金と利息』を返済期日に入金してもらい、銀行は利息を手元に残すことができるということになります。

　ここまで話を聞いて、納得していたら、講師は、さらに話を続けました。

　「しかし、銀行の利息よりも、もっと大きな金額を、お客様は利益として手元に残しているはずです。しかも、この自転車を何台も売ることができれば、その利益は何倍にもなって、お客様の会社は、結局、大きな利益を上げることができるようになるのです。」

　講師の話は、さらに続くことになります。

　「だから、このお客様に何回も何回もお金を貸すことが大切であり、この繰り返しがこの企業を発展させることになるのです。この繰り返しの貸出が事業金融であり、繰り返しの営業活動という事業に対して、金融機関が資金を貸出して、何回も何回も、事業と利益の積上げを繰り返すことができれば、お客様にとって銀行の融資が利益を上げるために役立つことになって、有難いものになるのです。」

　ということで、「銀行は、この自転車屋さんに、価値の交換手段と保存手段と尺度となる資金をある一定の期間、その機能を提供しながら、融資して、お客様に儲けていただくことを支援するのです。すなわち、貸出した資金を『期限の利益』を提供して、お客様に活用してもらい、儲けていただくということです。」と力説しました。

　この話を聞いて、私は、お金は仕事をやりたい人にある一定期間の間、自由に使ってもらい、思う存分仕事をしてもらう、大切なきっかけを与え

るものであると思いました。銀行は、別のお客様から預かった資金を、資金ニーズのある人や企業に融資して、ある一定期間、返済を気にせずに使ってもらい、稼いでもらうことに役立つと思い、そのような支援は社会の活性化に大きな貢献をするものと思いました。この貸出を、積極的に行うか、抑制的に実施するかという『調節』をすることで、その企業の利益を増加させたり、事業の暴走を防止させることなどで、企業の経営のバランスを保ってもらうことになるのであるとも思いました。

当時は『決算書なし』でも融資を行っていた

　このような研修を受けたのちに、いよいよ、私は、貸出の実務を行うことになりました。私は支店の貸出係に配属されましたが、私の机の前には、いつも借入れ申込みのお客様が列を作って待ってくれていました。そのお客様は、ほとんどが月末の資金不足に対する融資の依頼でした。「月末に資金が不足しますので、何とかその不足金額を貸してください。」というものでした。

　私は、研修で習った「お金の機能の重要性や、貸出は、そのお金の機能をお客様に一定期間、享受していただくこと」という内容を思い浮かべながら、お客様と応対したいと思っていました。しかし、そんな悠長なことは言っておられず、お客様からは、直ちに融資が実行できるか否かの結論を迫られました。

　当時は、メイン取引先に対しては、銀行は極力支援しなければならないという文化があって、自行庫のメイン先が倒産することは、金融機関として地元への裏切り行為と思われていました。地元の企業が不渡りとなった場合は、そのメイン銀行は責任と地域に大きな負い目を負うことになっていました。このような、企業を最後まで支援するという文化がありましたから、メイン銀行が他の金融機関に対して取引条件緩和の相談をしたり、金利の支援をしても、独占禁止法の『カルテル行為』として、弁護士から訴えを受けることもありませんでした。メイン銀行は、ビジネスマッチングや経営コンサルを行うと同時に、業績の悪化時には現在の「再生支援協議会」のような、金融機関間の調整の役割を演じることもありましたし、時には、メイン銀行が主催する協融各行が集まる会合も開かれました。メイン銀行は常に取引先の味方でした。

　この頃は、中小企業の多くは、決算書を必ず銀行に提出するものとは思っていませんでした。決算書は、税務署に法人税を支払うために提出し、

節税を第一にして、できれば、少額の税金を払うことばかりを目指すものとも思われていました。銀行には、税務申告よりも、利益を上乗せした『お化粧をした決算書』を提出していました。銀行としても、企業が税務署に提出する決算書を、今ほどは信頼してはいませんでした。節税をするか、少しの利益を計上するかという決算書であり、そのような決算書の利益は、企業の実力を表す、真の利益とは言えませんでした。現在の中小企業会計基本要領（中小会計要領）のような、減損会計をベースにした決算書とは異なっていました。

　しかし、この実態と異なる決算書であっても、当時の銀行の審査には、それほど大きな影響を与えませんでした。融資の審査は、キャッシュフローを重視して、決算書はサブ資料、補助資料であったからです。審査の主眼は、取引先の事業に対する融資金額の妥当性と返済期日・資金使途が重視されていました。実際、貸出は短期融資が多く、年に1回の決算書では、2〜3か月から1年未満の短期間の融資審査は、できませんでした。

　卸売業ならば、新製品の仕入資金の評価を行うことであり、建設業ならば、新しく受注した工事現場の立替資金の判定であって、輸送業ならば、運送量急増に対するトラックの購入資金の評価、製造業（メーカー）ならば見込み生産に関する資金回収の評価などであり、これらは、決算書には表れない資金ニーズによって生じるものでした。金融機関としても、短期間の融資が多いために、「年に1回の決算書の提出を受け、その内容をゆっくり丁寧に吟味してから融資を行う」ということでは、多くの中小企業の融資への支援としては、とても間に合いませんでした。融資の審査においては、決算書はあくまでも補助資料の位置づけでした。

3 業績不振先に対する担当者の 再生への情熱

　一度、金融機関の支店の貸出課で担当先を決められれば、その担当先企業の業績が悪化したり、財務内容が劣化したとしても、その融資担当者はその担当を変わることはありませんでした。融資担当者は、企業の創業期・成長期・成熟期・衰退期において、一気通貫でその企業を見守ることになっていました。このライフステージに沿って、企業を管理することによって、担当者は企業のあらゆる局面を見る目が養われました。

　担当者は、「なぜ、業績が悪化したのか、財務内容が劣化したのか」ということを、経営者から具体的に説明を受けることによって、企業の実情を把握することができました。一方、経営者も担当者に、自社の業績を詳しく説明することによって、自分の今までの経営に対する反省や今後に採用する施策のイメージを固めることができるものでした。もちろん、その担当者が、良き経営のアドバイスをすることは、経営者にとって有難いことですが、経営者自身が過去の状況説明を担当者にするだけでも、経営者にとって、多くの気づきが生まれることになったようです。その上に、企業の衰退期における再生手法である「リスケ（リスケジュール）や転廃業、事業承継やM＆Aなど」の説明は、法律や財務面では、単なる一般的な内容の説明にすぎないようですが、窮境の企業には大きな励みになったようでした。このような手法で実際に救われた再生企業の実例を聞かされた場合は、経営者に勇気を与えることにもなりました。

　業績不振先に対して、融資担当者が、企業の経営者とともに悩むうちに、ビジネスマンとしての再生への情熱が湧き出てくるものです。その企業の従業員の生活を支え、仕入先や販売先の業績にも責任をもって、また債権者や地域住民にも役立つことを考えた場合など、融資担当者として、その企業の応援者になる意義を感じ、自分の融資業務に誇りを感じ、生きがいまで感じることが多々ありました。

4 取引先企業の決算書の説明への対応

　年に1回の決算報告においては、必ず担当先企業の経営者が来店するので、その決算報告の面談の前までには、報告される直前の決算について、前期比、同業各社比、長期目標への進捗状況などの変動の大きい項目について、財務担当者にヒアリングを行います。また、翌期についての施策や資金調達計画、組織変更や人事異動予定などについても、事前ヒアリングをすることが原則になっていました。そのヒアリング内容は、事前の決算報告メモにて、上司や支店長などに報告していました。

　したがって、経営者が決算報告に来店した場合は、担当者は、前もって企業の財務部などに聞いていますので、その企業の経営者が行う決算概要の説明終了後に、前期の問題点からその改善点についての対話を行って、翌期以降の経営方針や、業績悪化した企業に対しては、経営改善計画の方針までヒアリングすることが可能になっていました。

　ただし、決算書の提出はすべての企業ではありませんし、決算は3月に集中しますので、どの会社に対しても、このような決算説明の準備はできませんでした。そこで、決算書の提出企業には、毎月ヒアリングを行っている取引金融機関の融資残高や、月商金額の累計金額と提出された決算書との整合性は必ず、聞き出していました。さらには、前期決算の勘定科目との大きな差異についても、その理由を明らかにしていました。

　現在では、金融機関の事務センターで財務指標の分析を行っているようですが、当時は、各担当者がこの財務分析を行っていましたので、問題項目のヒアリング漏れは、あまりなかったようです。

5 地域交流と地域の実態把握

1）地元のイベントへの参加や寄付

　当時の支店長は、地域の祭事、町内会のイベントなどに積極的に参加し、寄付が必要な時は地元に協力をしていました。そのような伝統がありましたので、地元の幹部から、いろいろな情報を得ることができました。「近々、家の前の通りが拡幅になるので、転居を考えているのだけど、住宅ローンの面倒を見てくれますか。」とか、「私のところは、この機会にリフォームを考えていますが、ローンを貸していただけますか。」などなどですし、普段は、親しく話せなかった取引先の社長から、リラックスした表情で声を掛けられることもありました。その社長から、新規の取引先の紹介を受けることもありました。地域で長年にわたり営業している企業や住民はそれだけで、大きな信用がありますから、金融機関としても、これらの企業や住民への取引スタートは大歓迎でした。地元の企業や住民も、敷居が高いと思っていた銀行が、地元のイベントに参加することで、自分たちの仲間に入ってくれたことで、心を開くことになったものと思われます。

2）地域の評価は金融機関の審査に有利にはたらいた

　一般に金融機関の貸出の審査は、財務指標や自己資本などの決算書に関する多くの比率であると思われていますが、最も重要な審査は、『本人確認と本人の借入れの意思確認』です。たとえ、指標や比率が平均値より劣っていようとも、借り手本人自身が返済の意思があって誠実ならば、メイン銀行としての支援もあることから、倒産はほとんどないと考えていました。このことは、金融円滑化法における返済猶予先が約40万件もあろうとも、その金融機関の返済猶予中においては、倒産がほとんどなかったこ

とで、証明されています。地域における企業の実績や経営者の人柄が良好であり、営業実績が長い企業や個人は、審査の評価は高いものでした。直近の決算が赤字であろうと、バランスシートが債務超過であったとしても、貸出金の資金使途が明確で、その融資期間中に返済原資が赤字補填されない限り、その融資の審査は、ほとんど承認になっていました。

　金融機関としても、中小企業等の企業を見るときには、「エリア審査」として、その企業のステークホルダーへの貢献度、地域貢献への企業の意欲、また地域の多くの機関からの当社の評価を重視していました。企業や事業、また担保・引当が十分でなくとも、このエリア審査で、融資を存続することは多かったのです。地域に信頼され、地域に貢献する経営者は、借入金の資金使途や返済にも、責任を持つものです。エリア審査は、本人の借入れと返済の意思確認、すなわち、責任をフォローするものとも言えます。

3）ステークホルダーの評判

　当時は、金融機関には、預金の目標があり、融資課とは別に外回りの担当がいました。この担当者は、企業に行けば、財務経理部門以外の人々にも、預金のセールスをしましたので、その会話の中から、多くの情報を集めることができました。法人の新規活動も、この外回りのセクションに任されていましたから、貸出取引のない企業や、地域の情報、また業界の情報も、自由に取り込むことができました。融資の担当者の情報の多くは、取引先企業の経営者や財務部門から入手されますが、この外回りの情報は利害関係のない機関から入りますので、信憑性に問題はありますが、その逆に、貴重な情報もありました。融資担当としては、取引先からの情報の裏付けとして、外回りの情報を活用していました。

　当時も、企業情報はステークホルダーから多く集めていたため、融資担当者は、メーカーならば工場長や労務担当者から取り、卸売業ならば大手仕入先や販売先、倉庫・輸送部門から、実態把握をしていました。行政機関からの産業情報や自行庫の調査部情報も貴重な情報源でした。

6 貸出資産に対する引当金への関心は低かった

　当時は、ほとんどの金融機関の融資担当者は、引当金について、特別な情報を得ることもなく、「取引先の業績や財務内容から判断して、リスクの大小が決まり、そのリスクによって、引当金の金額を決める」という程度の情報しか与えられていませんでした。この作業は、本部の特殊な仕事と解釈されていました。すなわち、引当金は、金融機関内部の経理部や財務部の担当者が、支店の融資担当者と折衝している審査部から企業別のリスク情報を入手して、特殊な計算方法でその金額を算出して、その後に監査法人のチェックを受けて決定するものと、説明されていました。

　取引先の中小企業においては、金融機関が融資のリスク度によって、引当金を積んでいるということすら、意識していませんでした。業績が悪くなったら、金融機関に引当金負担が増して、それに連動して貸出金利が上がるという法則を、ほとんど理解していませんでした。貸出金利はリスク度に連動するということを、機械的に受け入れていたようです。

　しかし、1990年頃にバブルが崩壊して、金融機関の引当金の話がマスコミの話題になり、1990年以降に倒産した金融機関や業績悪化の金融機関が、融資企業のリスク度によって担保・保証を徴求しておらず、客観的な基準の引当金を積んでいないことが、明らかになり、急に引当金がマスコミでも騒がれるようになりました。

　1999年に金融検査マニュアルの別表1・2が公表されるまでは、各金融機関は、引当金は本部の特殊部署の話であって、支店の融資担当者の埒外の話と思われていました。実際、支店担当者と本部の審査部・融資部の担当者の間では、リスクに沿った金利の話は出ていたものの、自行庫の引当金の話までは出ていませんでした。

7 地域データの活用が低調

　金融機関の各支店においては、支店長の裁量の下、地域戦略を講じていましたが、行政機関やシンクタンクのデータを駆使して、独自に営業活動を行っている金融機関はほとんどありませんでした。当時は、預金・貸出・外国為替の自行庫や他の金融機関の近隣支店の計数交換が行われていましたので、各金融機関やその支店では、それらの数値の変化で地域の企業の活力などを推察していました。

　したがって、金融業界の、しかも一部分の預金・貸出・外国為替の動きしか見られないままに、類推しながら、地域の戦略を練っていました。行政機関からも、限られた情報が開示されるにすぎず、他の地域との比較や、町村単位の動きまでは、把握できない水準でした。シンクタンクなどの情報開示も、限定された地域のみであって、自行庫や自分の支店の周辺地域の数値情報までは把握できない状況でした。

　金融機関の推進部門でも、各支店のマーケットに即した目標を立てることもできないままに、理論的ではない恣意的な目標値、すなわち、前期比何％増しとか、支店の配置人数に比例した数値、他行を凌駕する比率というような目標でした。

　また、融資についても、各企業の独自の動きは把握できるものの、地域における業界情報や地域の人口の推移による目標の設定はできないままに、金融機関全体におけるボリューム目標を、各支店の融資残高で比例按分した目標を、各支店の目標にしていたのかもしれません。

　支店の人員配置にしても、各支店のマーケットの将来像や実質的なものを分析しないままに、形式的に、人員配分を行っているケースもありました。

2 章

金融検査マニュアル

公表後の融資業務

1 不良債権問題解消が金融行政の 喫緊の課題となる

　バブル崩壊により、1990年前後、不動産や株式に関する融資は一斉に不良債権化され、ほぼすべての金融機関は引当金の積上げ不足が指摘されるようになりました。バブル期の融資は、バブル崩壊により、それらの不動産や株式の資産価値は急落し、その売却代金では、とても返済ができなくなりました。1995年以降の破綻銀行の財務内容を見るに、貸出の多くがこれらの資産購入資金融資で、しかも返済の不安はないと思われていたので、引当金の積上げ不足になってしまったのです。そこで、日本のほとんどすべての金融機関の引当金の積増しが、喫緊の課題になりました。その後、日本の銀行の資金調達は、ジャパンプレミアムという高めの金利が適用されるようになりました。

　自行庫の引当金を再チェックしなければならないと言われたものの、各金融機関のこの運用は厳格ではなかったということで、このジャパンプレミアムというような不名誉な仕打ちを受けることになったのです。

　それは、前述したように、日本の金融機関はキャッシュフローを中心に事業の内容を精査するものの、その事業を営む企業についての冷静な評価、すなわち、企業の年間の業務成績や決算日の財務内容を表した財務内容を分析して、引当金を積み上げていなかったことに原因がありました。当初、金融機関は自行庫の引当金の繰入れ基準は妥当であることをマスコミなどに主張しましたが、実際に破綻する金融機関を検査すると、この主張は正しくないことが分かりました。

　そこで、金融庁は、抜本的な施策を行うことになりました。これこそ、金融検査マニュアルに沿って、自己査定と引当・償却を数値を使って明確に割り出した「別表1・2」の手法を追加・挿入することになったのです。実は、金融検査マニュアルは、1998年のバーゼルの内部管理の通達において、先進国に対して内部管理の指導を徹底するために、まずは、各金融

機関の内部統制を行うことにし、そのガイドラインを作成することにしていたのです。このような時に、各金融機関の貸出債権への引当金積上げ不足の問題が起こりました。すなわち、バーゼルの内部管理マニュアルを作成することになっていた時に、この別表の1・2が加えられることになったのです。

　しかし、このジャパンプレミアムの金利は収まることにならず、日本の金融機関に対する世界の不信は高まるばかりでした。本来、金融検査マニュアルは一般の中央官庁のガイドラインと同様なものでしたが、その時の小泉純一郎内閣は、引当金に対して特に厳しい対応を行う特別検査を実施することにしたのです。このことに対して、主要行の頭取などは強く反対しましたが、この特別検査は実行されました。この特別検査は、主に主要行に対して実施されましたが、その主要行よりも地域金融機関は不良債権比率が高い先が多く、この動きを注目していました。そして、この検査によって、UFJ銀行は、各8,000億円の引当金繰入損を出すことになり、結局、東京三菱銀行に統合されることになったのです。この一連の動きの中から、全金融機関とも、金融検査マニュアル別表1・2は、ガイドラインではなく、絶対のルールのように扱わなければならないという印象を持つことになりました。

2 金融検査マニュアル別表1・2の 見える化が企業格付けとして広がる

　金融検査マニュアルの別表1・2では、各金融機関が均一に引当金を積み上げるように、その引当金の運用基準を明確に表現しました。引当金の積上げまでには、いくつかのプロセスがありますが、その第一プロセスは、債務者区分の決定ということになります。この債務者区分の解説も、金融検査マニュアルの別表1・2の趣旨に沿って、以下のように、分かりやすく簡単な表現で示されました。

　それ以前については、金融機関の支店長や本部、また担当者の恣意的な考え方で、融資は決定されるものと思われていましたが、この債務者区分（格付け）は、客観的で透明性があり、取引先企業からも金融機関の融資現場の担当者からも、分かりやすいということで歓迎されました。

➡ 債務者区分

債務者区分		内　容
正常先	A	業績が良好であり、財務内容にも特段問題のない債務者
要注意先	B	業績低調、延滞など、今後の管理に注意する債務者
要管理先	B'	要注意先のうち、要管理債権のある債務者
破綻懸念先	C	現在、経営破綻の状況にないが、今後、経営破綻が懸念される債務者
実質破綻先	D	法的・形式的な経営破綻の事実はないが、実質的に破綻に陥っている債務者
破綻先	E	法的・形式的な経営破綻の事実が発生している債務者

形式的基準による「債務者区分の判定表」(除く、破綻先E)

決算書の状況			借入金の返済状況						
債務超過	黒字赤字	繰越損失	延滞なし	延滞1か月以上	延滞2か月以上	金利減免条件変更	延滞3か月以上	延滞6か月以上	延滞1年以上
なし	黒字	なし	A	B	B	B'	B'	C	C
なし	黒字	繰損	B	B	B	B'	B'	C	C
なし	赤字	なし	B	B	B	B'	B'	C	D
なし	赤字	繰損	B	B	B	B'	B'	C	D
前期のみ債務超過			B	B	B	C	C	C	D
2期連続債務超過			B	C	C	C	C	D	D

　さらには、その評価手法が、スコアリングシートによってなされること
になりました。チェックリストに傾斜点数をつけるスコアリングシートの
見える化は分かりやすく、中小企業の経営者やその支援者である税理士も
比較的簡単に習得できることから、広く受け入れられることになりました。
債務者区分については、3つ星レストランとか、5つ星ホテルという格付
けが広まっていましたから、皆に、早期に浸透されることになりました。
この債務者区分の6段階評価も、格付けのイメージとして、一般化される
ことになりました。

スコアリングシート		格付		債務者区分

左表：スコアリングシート

定量分析項目(100点)	
1.安全性項目	(22)
自己資本比率	10
ギアリング比率	12
2.収益性項目	(15)
売上高経常利益率	5
総資本経常利益率	5
当期利益の推移	5
3.成長性項目	(25)
経常利益増加率	4
自己資本額	13
売上高	8
4.債務償還能力項目	(38)
債務償還年数	15
インタレスト・カバレッジ・レシオ	8
償却前営業利益	15

右表：格付・債務者区分

	格付		債務者区分
90以上	1	リスクなし	正常先
80以上	2	ほとんどリスクなし	正常先
65以上	3	リスク些少	正常先
50以上	4	リスクはあるが良好水準	正常先
40以上	5	リスクはあるが平均的水準	正常先
25以上	6	リスクはやや高いが許容範囲	正常先
25未満（債務者区分判定表）	7	リスク高く管理徹底	要注意先
	8	警戒先　要管理先	要注意先
	9	延滞先	破綻懸念先
	10	事故先	実質破綻先・破綻先

3 貸し渋り・貸し剥がし対策として 取引先にも企業格付けが広がる

　不良債権問題が、貸し渋り・貸し剥がしとして、マスコミに騒がれるようになると、金融機関は、「なぜ融資謝絶をするのか」ということで、説明を強く求められるようになりました。今までの融資審査は、透明性・客観性がなく伏魔殿の中で行われているのではないかという批判が広がりました。

　金融機関としては、不良債権問題を抱えていることから、中小企業には、従来よりは融資についてやや厳格になり、融資審査の根拠や明確な理由を求めるようになり、融資を断ったり返済を迫ることもありました。このことが、貸し渋り・貸し剥がしとして社会問題として騒がれました。

　そこで、一般的にも分かりやすい格付けが、市民権を得るようになりました。もともと、債務者区分とは、引当金を積み上げるプロセスの第一工程でしたが、その算定の根拠になる「スコアリングシート」が納得性があり公平感もありましたので、かなりの勢いで、この債務者区分や格付けは一般化されるようになりました。そして、金融検査マニュアルが公表されて数年が経った頃には、これこそ、金融機関の融資審査の基本であるかのような風潮になりました。

　金融機関としても、貸し渋り・貸し剥がし批判を免れるためには、「スコアリングシートによる格付け手法が審査の主流であり、他の融資もこの格付けを重視しています。」ということで、説明責任を果たすようになりました。取引先としても、自分たちは公平に扱われ、客観的で透明な審査を受けていると思い、マスコミの受けも良かったものと思われます。しかも、このスコアリングシート方式は、既に、個人の住宅ローンやフリーローンにも使われており、審査手順のシステム化や合理化にも役立つものでした。

　このスコアリングによる格付け手法は、金融機関にとって、かなりの時間を要する顧客への融資の承諾・謝絶の説明を短縮でき、効率化が図れる

ことになっていました。スコアリングシートの項目は安全性・収益性・成長性など企業の財務内容の特徴も表すことができ、企業の問題点の指摘や今後の努力の方向性を説明するにも大きな効果がありました。

その上に、融資申込者も専門家である金融機関の信用度合の算出法やそのランキングには、それ以上の抗弁を行わないようになっていました。そして、金融機関の担当者は、スコアリングの構造などの説明を行い、そのランクアップの手法を説明することで、企業コンサルと同様な効果を取引先に提供することにもなりました。

しかし、このスコアリングシート方式については、中小零細企業からは、評価が低めに出るということで、指摘を受けることもありました。これらの家族的な企業は、節税本位で所得（利益）を圧縮した決算書を作成しており、薄利が続くことによって自己資本比率が低いことから、格付けも低めに出てしまいます。そこで、企業格付け算定のランクアップを狙った「金融検査マニュアル別冊（中小企業融資編）」が公表されました。

その後、低位の格付け評価に対する批判も徐々に収まり、スコアリングによる格付け方式が中小零細の家族企業にも定着するようになりました。ここまで来ると、格付け・債務者区分が融資の実行ばかりではなく、融資条件にも影響することになりました。正常先ならば、信用貸出ができ、要管理先や破綻懸念先は担保がなければ融資はできないとか、要注意先から破綻懸念先にランクダウンをした場合は、貸出金利も0.5〜1％程度は引き上げるなどという、格付け・債務者区分に関する「憶測」も流れるようになりました。とにかく、融資の透明性・客観性のために、格付けや債務者区分は融資現場を席巻し、金融機関の融資担当者や取引先企業やその顧問税理士などにも浸透するようになりました。

4 企業格付けやローン・保証協会付貸出は、融資担当者や本部審査部門の業務・事務の合理化に役立つ

　不良債権問題が尾を引いて、金融機関の収益拡大策が重要な問題になり、手数料を稼ぐために、金融機関の融資担当者の業務内容が拡大しました。投資信託の販売、年金保険や生損保の販売、信託商品の販売と取扱商品は急速に拡大して行きました。その販売のためには、融資担当者もそれらの商品の取扱い資格が求められ、そのような資格試験の合格が必須になりました。これらの商品は、金利の変動や為替レートの動向を日々注意しなければなりませんでしたから、その業務拡大により多くの時間が取られました。

　その他に、融資業務については、事務手続きに加えて、経営・財務・会計・税務・法務などの基礎知識も求められ、これらの研修や勉強にも時間が割かれるようになりました。それらに投入される時間のために、従来の取引先の内容を知って企業の成長や経営をともに考えるような基本的な融資業務はほとんど実施されないようになってしまいました。

　このように金融機関の融資担当者は業務・事務の合理化を図らなければなりませんでしたが、その合理化には、スコアリングシートを使った格付け方式が貢献しました。審査は、機械的・形式的で定型的なプロセスが多くなり、融資に関する取引先への説明や稟議書の作成への調査、また資金使途や返済財源の検討などの時間の節約も図れました。

　低位の格付け先への融資については、従来ならば、情報収集やヒアリングに時間をかけ、キャッシュフローの検討にも時間を割くことになりましたが、与信管理も含め定型化されたローンや保証協会保証付きの融資ならば、多くの融資審査の作業時間の削減も可能になりました。このような融資商品ならば、商品説明や申込用紙に記入することの解説に時間を割くことで、それ以上の調査や交渉の時間をかけないままに、金融機関内部の承認も得やすく、融資支援も可能になります。すなわち、これらの定型化された商品は、格付けやローン化で融資審査の検討プロセスが見える化され

て、忙しい銀行員には歓迎されました。同時に、金融検査マニュアルの格付け・債務者区分の算定についても定型商品ならば、かなり合理化され、引当金負担の軽減化にも通じることになりました。

　一方、取引先企業にとっても、申込み手続きの時間や金融機関からのヒアリング時間は大きく節減され、やはり効率化と合理化が図れることになります。ただし、かつての融資検討に使われた資金使途や融資金のキャッシュフロー、企業の将来性や実質また全体像の把握などの融資担当者の基本思考や動作は省略されるようになってしまいました。

　これらの企業格付けをベースにした融資手続きや担保・保証を商品条件に組み込んだ簡素化した融資の販売は、金融機関の融資担当者の目利き力を低下させることになりました。事業の評価や資金動態に沿った融資の提案力や取引先との交渉力、融資関連の調査力、企業の未来・実質・全体への把握力、また、取引先の企業や事業に深く踏み込んだ経営コンサル力などについては、パワーアップすることはあまりなかったものと思われます。

　このような効率化や合理化は、短期的には事務の合理化効果になりますが、長期的には、融資担当者の業務を通した教育には逆行することになり、現在の金融機関が抱える融資拡大力の低下に繋がってしまったと思います。

金融庁の種々の施策は金融検査マニュアルの債務者区分(格付け)アップに反するとみなされ融資現場には浸透せず

　金融検査マニュアルにおける自己査定のプロセスである「債務者区分の評定」や「スコアリングシート」については、取引先企業の経営者やその支援者である税理士などに理解され、金融機関の融資担当者としても十分に使いこなさなければなりませんでした。しかも、その担当者の上司である支店長や本部の幹部についても、この債務者区分を熟知しており、厳格な評価をしなければならない環境にありました。支店の融資担当者は、取引先の債務者区分に対して、厳しめな低い評価を行わなければ、融資現場におらず書面情報しか持っていない上司や本部の幹部に、迷惑をかけることになってしまいます。その上司や幹部たちもその上の上司の判断を受けるわけですから、金融機関の内部の与信管理は、厳格にならざるを得ないようです。一種の忖度と言えるものです。

　破綻懸念先に該当する評価を、要注意先として緩め・高めの評価を行った場合は、その先の業績が低下した場合、上司や本部の幹部に対して、その上の上司に対する面子を潰すことになります。要注意先と思う先を破綻懸念先に評価した場合は、次回の見直しで、要注意先に算定されたならば、担当者のアドバイスや指導が奏功したという説明は、上司やその上の上司の立場を高めることになります。

　また、スコアリング評価における決算書の各科目から算出される指標は、融資担当者は、やはり厳しく評価することになります。売掛金であれ、棚卸資産であれ、建物や機械などの固定資産であれ、融資担当者は、その勘定科目における減損部分を見つけだすことで、上司やその上司に高い評価を受ける傾向にあります。さらに、金融検査マニュアルが公表された1999年以降は、デフレが続き、例外的な中小企業を除けば、売上も利益も低下傾向にあり、その企業に対する債務者区分や格付けを高めに評価することは、融資担当者として、それなりの論理や計数的な裏付けが必要に

なりました。

　金融検査マニュアルにおける別表１・２の基準が融資現場に浸透すればするほど、この債務者区分は厳格にまた低めに運用され、金融庁や各金融機関の本部経営者が「最終ユーザーである取引先企業に柔軟な対応をするべきである」と言えども、この厳格な運用は、なかなか修正できませんでした。その柔軟策が、以下のリレバン施策、金融円滑化法などです。

１）リレバン（リレーションシップバンキング）施策

　2003年３月に「リレーションシップバンキングの機能強化に関するアクションプログラム」が公表され、中小企業の再生と地域経済の活性化を図るために施行されました。2002年10月の主要行に対する「金融再生プログラム」の後を受けて、地域金融機関に不良債権の処理問題を励行してもらうことが目的でしたが、主要行ほどドラスティックに低めに行うことは地域経済の混乱になってしまうことから、地域経済の活性化に絡めて取引先企業に対しては柔軟で高めの対応をするように、『リレバン』の名称のもとに施策をスタートしました。

　主要行は、数年で、不良債権の問題を解決することになりましたが、地域金融機関は主要行ほど引当金の積上げを強く行うことをしなかったことから、それから何年もの間、この不良債権問題が地域金融機関の足枷にもなりました。

　その後、金融庁は常に地域金融機関に対して、「リレーションシップバンキング」施策の励行を言い続けました。2005年には、リレーションシップバンキングは地域密着型金融と名前を変え、2007年には、中小・地域金融機関向けの総合的な監督指針の中に組み込まれました。

　しかし、融資の現場である各金融機関の支店の融資担当者は、個別の企業審査においては、金融検査マニュアルの債務者区分の判定で低位のランキングになってしまった先を、このリレーションシップバンキングの見方によって、ランクアップすることまではせず、とは言うものの、その先に

柔軟な融資実行の判断や緩和条件の適用をすることもしないまま、静観する傾向が続きました。

リレーションシップバンキングの機能強化に関するアクションプログラム（概要）
―中小・地域金融機関の不良債権問題の解決に向けた中小企業金融の再生と持続可能性（サステナビリティ）の確保―

平成15～16年度の2年間（「集中改善期間」）に、リレーションシップバンキングの機能強化を確実に図る
⇒各金融機関は本年8月末までに「リレーションシップバンキングの機能強化計画」を提出、半期ごとに実施状況を当局がフォローアップ、取りまとめ公表

《Ⅰ. 中小企業金融再生に向けた取組み》

1. 創業・新事業支援機能等の強化
   - 企業の将来性や技術力を的確に評価できる人材育成（「目利き研修」の実施）
   - 産学官ネットワークの構築・活用、「産業クラスターサポート金融会議」の立上げ
   - ベンチャー企業向け業務に関する政府系金融機関等との連携強化

2. 取引先企業に対する経営相談・支援機能の強化
   - 経営情報やビジネスマッチング情報を提供する仕組みの整備
   - 要注意先債権等への取組みの一層の強化及び実績の公表
   - 中小企業支援スキル向上のための研修プログラムの集中的実施

3. 早期事業再生に向けた積極的取組み
   - 地域の中小企業を対象とした企業再生ファンドの組成
   - デット・エクイティ・スワップ、DIPファイナンス等の積極的活用
   - RCCの「中小企業再生信託スキーム」等の積極的活用
   - 産業再生機構の活用
   - 中小企業再生支援協議会の機能の積極的な活用
   - 企業再生支援に関する人材育成のための研修プログラムの集中的実施

4. 新しい中小企業金融への取組みの強化
   - キャッシュフローを重視し、担保・保証（特に第三者保証）に過度に依存しない新たな中小企業金融に向けた取組みの促進、研究会を設置し、モデル取引事例に関する基本的な考え方を作成・公表（デット・エクイティ・スワップ、財務制限条項等）
   - 証券化等に関する積極的な取組み
   - 信用リスクデータベースの整備・充実とその活用（審査の高度化、適正な貸出条件の設定、ポートフォリオの適正化等）

5. 顧客への説明態勢の整備、相談・苦情処理機能の強化
   - 債務者への重要事項（貸付・保証契約の内容等）の説明態勢に関する監督のあり方の明確化
   - 都道府県ごとに「地域金融円滑化会議」を新たに設置

6. 進捗状況の公表
   - 上記施策の進捗状況について、半期ごとに金融機関・業界が公表

《Ⅱ. 健全性確保、収益性向上等に向けた取組み》

1. 資産査定、信用リスク管理の厳格化
   - 適切な自己査定及び償却・引当の実施
   - 担保評価方法の合理性等に関する検証
   - 早期警戒制度に大口与信等に係る「信用リスク改善措置」を導入

2. 収益管理態勢の整備と収益力の向上
   - 収益管理態勢の整備
   - 収益を見込みつつ表示設定をしていくための体制整備

3. ガバナンスの強化
   - 株式非公開銀行の開示体制の整備
   - 協同組織金融機関に関するガバナンスの向上
   - マネジメントの質に関するモニタリング体制の強化

4. 地域貢献に関する情報開示等
   - 地域貢献に関する各金融機関のディスクロージャー
   - 当局による各種の財務情報提供の充実

5. 法令等遵守（コンプライアンス）
   - コンプライアンス態勢について監督上の措置を厳正に運用

6. 地域の金融システムの安定性確保
   - システミックリスクに対して、「特別支援」の枠組みの即時適用
   - 協同組織中央機関における資本増強制度の活用等
   - 公的資本増強行の監督等に関する運用ガイドラインの整備

7. 監督・検査体制
   - 多面的な評価に基づく総合的な監督体系の確立（「中小・地域金融機関向けの総合的な指針」の策定）
   - 検査マニュアル別冊「中小企業融資編」の周知徹底及び改訂

新アクションプログラム（平成17～18年度）の概要

平成17～18年度の2年間に、地域密着型金融の一層の推進を図る
⇒各金融機関は17年8月末までに「地域密着型金融推進計画」を策定・公表。また、半期毎に進捗状況を公表

【Ⅰ. 基本的考え方】
1. 地域密着型金融の継続的な推進　2. 地域密着型金融の本質を踏まえた推進（※）　3. 地域の特性や利用者ニーズ等を踏まえた「選択と集中」による推進　4. 情報開示等の推進とこれによる規律付け

※ 地域密着型金融の本質：金融機関が、長期的な取引関係により得られる情報を活用し、対面交渉を含む質の高いコミュニケーションを通じて融資先企業の経営状況等を的確に把握し、これにより中小企業等への金融や円滑化を図るとともに、金融機関自身の収益向上を図ること。

【Ⅱ. 具体的な取組み】

《1. 事業再生・中小企業金融の円滑化》

(1) 創業・新事業支援機能等の強化
   - 融資審査態勢等の強化等
   - 産学官の更なる連携強化と「産業クラスターサポート金融会議」の効果的な活用
   - 地域におけるベンチャー企業向け業務に係る政府系金融機関等との連携強化等

(2) 取引先企業に対する経営相談・支援機能の強化
   - 中小企業に対するコンサルティング機能、情報提供機能の一層の強化
   - 要注意先債権等の健全債権化等に向けた取組みの強化及び実績の公表等

(3) 事業再生に向けた積極的取組み
   - 地域の中小企業を対象とした事業再生ファンドの組成・活用
   - 適切な債権計数を伴うDES（債務の株式化）、DDS（債務の資本的劣後ローン化）等の積極的な活用
   - 中小企業再生支援協議会の一層の活用及びノウハウの活用
   - 早期相談により金融円滑化を進めるための運転資金の供給（DIPファイナンス）
   - 再生企業に対するシンジケートローンの活用等によるエグジット・ファイナンス（再生計画終了に当たっての融資）の拡大
   - 再生支援機能における情報開示の拡充、再生ノウハウの共有化の一層の推進
   - 人材プールの設置

(4) 担保・保証に過度に依存しない融資の推進等
   - 担保・保証に過度に依存しない融資の推進
   - 企業の再生を可能性を的確に評価するための取組みの推進
   - 不動産担保・保証に過度に依存しない融資を促進するための手法の拡大（貸出後の実況把握の徹底、財務制限条項の活用等）

(5) 中小企業の資金調達手法の多様化等
   - 中小企業に適した私募社債（知的財産担保融資、ノンコースローン等）への取組み
   - ローン担保証券（CLO）等の手法による融資手法の積極的な取組み
   - 協同組織中央機関における貸出債権の流動化等に向けた取組み

(6) 顧客への説明態勢の整備、相談苦情処理機能の強化
   - 「説明責任ガイドライン」を踏まえた説明態勢の整備、相談苦情処理機能の強化
   - 「地域金融円滑化会議」の活用等

(7) 人材の育成
   - 「目利き能力」、経営支援能力の向上など、事業再生・中小企業金融の円滑化に向けた人材育成のための取組み等

《2. 経営力の強化》

(1) リスク管理態勢の充実
   - バーゼルⅡの導入に備えたリスク管理の高度化等
   - 適切な自己査定及び償却・引当の確保
   - 市場リスク管理態勢の強化

(2) 収益管理態勢の整備と収益力の向上
   - 管理会計を活用し、信用評価に基づく業務の再構築等

(3) ガバナンスの強化
   - 協同組織金融機関におけるガバナンスの向上
   - 取締役会、監査役会等の機能発揮状況の検証

(4) 法令等遵守（コンプライアンス）態勢の強化
   - 反社会的勢力と法令等遵守の法令違反行為の排除等の強化
   - 適切な顧客管理の整備・取組みの確保

(5) ITの戦略的活用
   - ビジネスモデルの状況に応じたITの戦略的活用

(6) 協同組織機関の機能強化
   - 地域の特性や利用者の実情を踏まえた協同組織金融機関の機能発揮
   - 個別金融機関の余裕資金を運用して収益を着実する機能発揮の一層の活用への取組み等

(7) 検査・監査体制
   - 多面的な評価に基づく総合的かつ重点的な検査・監督
   - 「金融検査マニュアル別冊(中小企業融資編)」の周知徹底等

《3. 地域の利用者の利便性向上》
(1) 地域貢献に関する情報開示
(2) 中小企業金融の実態に関するデータ整備
(3) 地域の特性や利用者の満足度を重視した金融機関経営の確立
(4) 地域再生推進のための各種施策との連携強化
(5) 利用者等の評価に関するアンケート調査

【Ⅲ. 推進体制】
1. 地域の特性等を踏まえた個性的な計画の策定・公表　2. 実績の取りまとめ・公表　3. 財務局の機能の活用(特色ある取組み等に関するシンポジウムの開催等)　4. 「集中改善期間」の総括

2005年から2006年になりますと、この「リレーションシップバンキング」施策に沿って、各金融機関とも、中小企業への融資を伸ばしたいと思っていたものの、まだまだ、不良債権を増やすことに対するおそれがあるために、融資に対して柔軟な対応ができず、金融検査マニュアルの債務者区分判定には、保守的で厳格な対応をしていました。金融機関の審査は、稟議書を起案する担当者の上司に、支店長や本部の幹部がおり、そのなかで、この「リレーションシップバンキング」の趣旨を理解せず、金融検査マニュアルの保守的な解釈をする上司がいた場合は、その融資ラインの最も低いポストの融資担当者は、「リレーションシップバンキング」の趣旨を主張することはできませんでした。

　しかし、なかなか中小企業に対する融資増額の実績が上がらないジレンマもありましたので、金融庁は毎年の施策説明でリレーションシップバンキングの考え方を徹底し、金融検査でも各金融機関のリレーションシップバンキングに沿ったアクションプログラムの内容や実績をフォローしていました。

　そのような経緯によってか、このリレーションシップバンキングは、地域金融機関の行動原則（プリンシパル）として浸透することになって来たと思いますが、その動きの中、2008年には、リーマンショックが発生し、多くの中小企業の資金繰りが窮境に直面することになってしまいました。

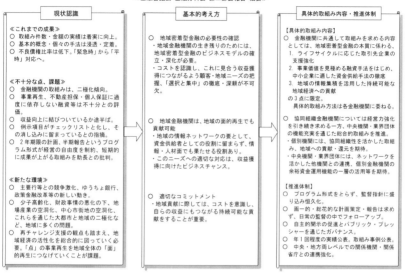

地域密着型金融の取組みについての評価と今後の対応について
− 地域の情報集積を活用した持続可能なビジネスモデルの確立を−
《金融審議会 金融分科会 第二部会報告 概要》

推進のための具体的取組み

1. ライフサイクルに応じた取引先企業の支援強化

中小企業の様々な成長段階にあわせた審査・支援機能の強化。

○　事業再生
　・事業価値を見極める地域密着型金融の本質に係わる一番の課題。
　・企業価値が保たれているうちの早期再生と再生後の持続可能性ある事業再構築が最も重要。
　・外部からの経営者の意識改革を促せるのは地域金融機関。
　・中小企業再生支援協議会、ファンドの一層の活用。
　・アップサイドの取れる新たな手法、DIP ファイナンスの適切な活用等。

○　創業・新事業支援
　・ファンドの活用、産学官の連携、再挑戦支援の保証制度の活用等。

○　経営改善支援

○　事業承継(地域企業の第4のライフステージとして明示的に位置づけ、支援)

2. 事業価値を見極める融資をはじめ中小企業に適した資金供給手法の徹底

○　事業価値を見極める融資＝不動産担保・個人保証に過度に依存しない融資の徹底
　・「目利き機能」の向上(特に、中小零細企業)。
　・定性情報の適正な評価、定量情報の質の向上。
　・動産・債権譲渡担保融資、ABL (Asset Based Lending)、コベナンツの活用等。

○ その他中小企業に適した資金供給手法の徹底
 ・ファンドやアップサイドの取れる投融資手法の活用など、エクイティの活用によるリスクマネーの導入等。
 ・CLOやシンジケートローンなど、市場型間接金融の手法の活用。

3.地域の情報集積を活用した持続可能な地域経済への貢献

○ 地域の面的再生
 ・調査力、企画力を活かした、ビジョン策定への積極的支援。
 ・「公民連携」への積極的参画
 ― 官と民が役割分担、地域の全プレーヤーがビジョンを共有、連携した取組み。
 ―「リスクとリターンの設計」、「契約によるガバナンス」が重要。金融機関には、コーディネーターとしての積極的参画を期待。
○ 地域活性化につながる多様なサービスの提供
 ・リバースモーゲージなど高齢者の資産の有効活用、金融知識の普及等。
 ・多重債務者問題への貢献、コミュニティ・ビジネス等への支援・融資(特に協同組織金融機関)。
○ 地域への適切なコミットメント、公共部門の規律付け
 ・コスト・リスクの適切な把握による緊張感ある関係。地方財政の規律付けの役割。

2)金融円滑化法

　リーマンショックによって、世界の企業が躓きましたが、自己資本の少ない日本の中小企業についても、大きな痛手を受けました。その苦しみは、損益面の赤字と言うよりも、まず、手元の現預金の枯渇となって、金融機関への返済財源の不足で表面化しました。返済猶予することが、中小企業を救う即効薬ということで、金融円滑化法が2009年に誕生しました。

　この金融円滑化法は、中小企業者から債務の弁済に係る負担の軽減の申込みがあった場合は、金融機関にできる限り柔軟に行うように求め、さらに、金融機関に対して、貸出努力義務のほか、返済猶予等の措置を円滑に行う体制整備を求め、その実施状況と体制整備状況を開示すること、また行政庁への報告も課しています。特に、その開示・報告の虚偽については罰則を付与することになっていました。

　これらの金融円滑化法の内容は、次の「中小企業等に対する金融円滑

対策の総合的パッケージ」（金融庁）に示すとおりです。

➡ 中小企業等に対する金融円滑化対策の総合的パッケージ

この総合的パッケージに加えて、超法規として、「1年以内に経営改善計画を提出するという中小企業には、債務者区分を引き下げないままに返済猶予を認める」というガイドラインが出されました。各金融機関は、個別には返済猶予先に対する与信リスクは高まりますが、債務者区分を引き下げないことができますので、引当金の積上げコストも嵩まず、原則として、返済猶予の条件変更を断ることはしませんでした。むしろ、金融機関は、金融円滑化法を守らなければならないことから、返済猶予等の申請先に対して、この条件変更を抵抗なく行うようになりました。金融機関は「原則、信用供与実施、例外、謝絶」に進むことになりました。

しかし、問題は、返済猶予先に合理的な返済を付与することができないままとなっていることです。その後、2011年に東日本大震災が発生し、中小企業の業績がなかなか上がらないまま、金融機関の返済に叶うキャッ

シュフローを明確にする経営改善計画が策定できないままに、10年後になっても、返済猶予は未だに解消しないままとなっています。このことが、中小企業の新規融資が増加しない原因の一つであるとも言われています。

　ここで、注目しなければならないことは、中小企業の資金繰りにとって有難い返済猶予は、金融機関の融資担当者にとっては、ガイドラインたる「金融検査マニュアル」の債務者区分の運用よりも、より強い拘束力のある法律である「金融円滑化法」を順守すればよいということです。すなわち、取引先の返済猶予等の申請に対して、この返済猶予という条件緩和を、金融機関の融資担当者として与信管理面の気遣いもないままに、胸を張って行うことができるようになったということです。

3）返済猶予解消への行政面の支援

① 政策パッケージ

　しかし、中小企業金融円滑化法はもともと1年間の時限立法でしたから、行政としても、いつまでもこの法律に基づく返済猶予を放置することはできませんでした。そこで、3年4か月もの延長を行った2013年3月末には、この中小企業金融円滑化法の失効を見据えなければなりませんでした。

　そこで、中小企業の自己責任や金融機関独自の出口戦略に任せてばかりはいられず、各省庁をまたぐ内閣府が、金融庁と中小企業庁とともに、2012年4月20日に、この解決策を出すことになりました。それが、内閣府・金融庁・中小企業庁が連名で「中小企業金融円滑化法の最終延長を踏まえた中小企業の経営支援のための政策パッケージ」であり、以下に示すものです。

平成24年4月20日
内閣府・金融庁・中小企業庁

中小企業金融円滑化法の最終延長を踏まえた
中小企業の経営支援のための政策パッケージ

　中小企業金融円滑化法の最終延長を踏まえ、中小企業の経営改善・事業再生の促進等を図るため、以下の取組みを強力に進めることとし、関係省庁・関係機関と連携し、早急にその具体化を図る。

　さらに、中小企業の事業再生・業種転換等の支援の実効性を高めるための施策を引き続き検討する。

Ⅰ. 金融機関によるコンサルティング機能の一層の発揮

　金融機関は、自助努力による経営改善や抜本的な事業再生・業種転換・事業承継による経営改善が見込まれる中小企業に対して、必要に応じ、外部専門家や外部機関、中小企業関係団体、他の金融機関、信用保証協会等と連携を図りながらコンサルティング機能を発揮することにより、最大限支援していくことが求められている。

　このため、金融庁は、以下の取組みを行うことにより、金融機関によるコンサルティング機能の一層の発揮を促す。

① 各金融機関に対し、中小企業に対する具体的な支援の方針や取組み状況等について集中的なヒアリング（「出口戦略ヒアリング」）を実施する。

② 抜本的な事業再生、業種転換、事業承継等の支援が必要な場合には、判断を先送りせず外部機関等の第三者的な視点や専門的な知見を積極的に活用する旨を監督指針に明記する。

　(注)今般の東日本大震災により大きな被害を受けている地域においては、中小企業の置かれている厳しい状況や中小企業のニーズに十分に配慮したコンサルティング機能の発揮が強く求められている。また、産業復興機構や東日本大震災事業者再生支援機構も整備されている。こうした点を踏まえ、事業再生に当たっても、被災地の実情を十分に配慮した中長期的・継続的な支援が期待される。

2. 企業再生支援機構及び中小企業再生支援協議会の機能及び連携の強化

　財務内容の毀損度合いが大きく、債権者間調整を要する中小企業に対しては、企業再生支援機構（以下、「機構」という。）や中小企業再生支援協議会（以下、「協議会」という。）を通じて、事業再生を支援する。

　このため、内閣府、金融庁、中小企業庁は緊密に連携して以下の施策を実施することにより、両機関の機能及び連携を大幅に強化する。

37

（1）機構においては、以下の取組みを積極的に推し進め、中小企業の事業再生を支援する仕組みを再構築する。

① 中小企業の事業再生支援機能を抜本的に強化するため、専門人材の拡充を図る。

② 下記（3）のとおり、中小企業再生支援全国本部（以下、「全国本部」という。）や協議会との円滑な連携を図るため、企画・業務統括機能を強化するとともに、協議会との連携窓口を設置する。

③ 中小企業の実態に合わせた支援基準の見直しを行うとともに、協議会では事業再生支援の実施が困難な案件を中心に積極的に取り組む。

④ デューデリジェンス等にかかる手数料の負担軽減を図る。

（2）協議会においては、以下の取組みを行うことにより、その機能を抜本的に強化する。

① 金融機関等の主体的な関与やデューデリジェンスの省略等により、再生計画の策定支援をできる限り迅速かつ簡易に行う方法を確立する。
（標準処理期間を2ヶ月に設定。協議会ごとに計画策定支援の目標件数を設定し、24年度に全体で3千件程度を目指す）

② 事業再生支援の実効性を高めるため、地域金融機関や中小企業支援機関等の協力を得て、専門性の高い人材の確保及び人員体制の大幅な拡充を図る。

③ 経営改善、事業再生、業種転換、事業承継等が必要な中小企業にとって相談しやすい窓口としての機能を充実し、最適な解決策の提案や専門家の紹介等を行う。

（3）機構及び協議会においては、以下の取組みを行うことにより、連携を強化する。

① 機構又は協議会が相談を受けた案件について、他方が対応した方が効果的かつ迅速な支援が可能となる場合には、相互に案件の仲介等を行う。このため、機構と全国本部は連携して、相互仲介ルールを策定する。

② 事業再生支援機能の向上や上記（2）③の相談機能を実務面から支援するため、機構と全国本部は連携して、中小企業の経営状況の把握・分析や支援の手法等に係る改善や指針等の策定を行い、それらを協議会とも共有する。

③ 機構は、協議会が取り組む案件について、相談・助言機能を提供する。

④ 機構及び全国本部は、協議会や金融機関が必要とする専門性を有する人材を紹介できる体制の構築を進める。

⑤ 機構、協議会及び全国本部との間で、「連携会議」を設置する。

3．その他経営改善・事業再生支援の環境整備

金融機関によるコンサルティング機能の発揮にあたって、経営改善・事業再生支援を行うための環境整備も不可欠となっている。

　このため、内閣府、金融庁及び中小企業庁は、以下の施策を実施する。

（1）各地域における中小企業の経営改善・事業再生・業種転換等の支援を実効あるものとするため、協議会と機構を核として、金融機関、事業再生の実務家、法務・会計・税務等の専門家、中小企業関係団体、国、地方公共団体等からなる「中小企業支援ネットワーク」を構築する。

（2）地域における事業再生支援機能の強化を図るため、地域金融機関と中小企業基盤整備機構が連携し、出資や債権買取りの機能を有する事業再生ファンドの設立を促進する。

（3）公的金融機関による事業再生支援機能を充実させるため、資本性借入金を活用した事業再生支援の強化について検討する。

（4）以上に加え、中小企業の事業再生・業種転換等の支援の実効性を高めるための施策を検討する。

　この政策パッケージは中小企業の再生・成長を目指した政策をまとめたものですが、当面は金融機関の貸出の不良債権化を防止するものです。この内容は、金融機関のコンサルティングを強化し、地域経済活性化支援機構・中小企業再生支援協議会の機能を活用し、「中小企業支援ネットワーク」を構築して、中小企業の経営改善・事業再生の促進等を図るというものです。この方針が、その後の中小企業施策を左右することになりました。

② 金融機関によるコンサルティング機能の一層の発揮

　金融庁は、この政策パッケージに先立ち、2011年4月に監督指針で、金融機関によるコンサルティング機能を体系的に整理した、以下のような「顧客企業のライフステージ等に応じて提案するソリューション（例）」を示しました。これは、従来からの金融庁の主張をまとめ、分かりやすく具体的に述べたものです。2007年の「ポスト・リレバン施策」に沿っており、金融審議会の報告書「地域密着型金融の取組みについての評価と今後の対応について−地域の情報集積を活用した持続可能なビジネスモデルの確立を−」の主旨のとおりで、緊急時対応として始まった「リレーションシッ

➡️ 「中小・地域金融機関向けの総合的な監督指針Ⅱ-5-2-1
　（「地域密着型金融の推進」関連部分）」

（参考）顧客企業のライフステージ等に応じて提案するソリューション（例）

顧客企業の ライフステージ 等の類型	金融機関が提案する ソリューション	外部専門家・外部機関等との 連携
創業・ 新事業開拓 を目指す 顧客企業	• 技術力・販売力や経営者の資質等を踏まえて新事業の価値を見極める。 • 公的助成制度の紹介やファンドの活用を含め、事業立上げ時の資金需要に対応。	• 公的機関との連携による技術評価、製品化・商品化支援 • 地方公共団体の補助金や制度融資の紹介 • 地域経済活性化支援機構との連携 • 地域活性化ファンド、企業育成ファンドの組成・活用
成長段階に おける 更なる飛躍が 見込まれる 顧客企業	• ビジネスマッチングや技術開発支援により、新たな販路の獲得等を支援。 • 海外進出など新たな事業展開に向けて情報の提供や助言を実施。 • 事業拡大のための資金需要に対応。その際、事業価値を見極める融資手法（不動産担保や個人保証に過度に依存しない融資）も活用。	• 地方公共団体、中小企業関係団体、他の金融機関、業界団体等との連携によるビジネスマッチング • 産学官連携による技術開発支援 • JETRO、JBIC等との連携による海外情報の提供・相談、現地での資金調達手法の紹介等
経営改善が 必要な顧客 企業 （自助努力に より経営改善 が見込まれる 顧客企業 など）	• ビジネスマッチングや技術開発支援により新たな販路の獲得等を支援。 • 貸付けの条件の変更等。 • 新規の信用供与により新たな収益機会の獲得や中長期的な経費削減等が見込まれ、それが債務者の業況や財務等の改善につながることで債務償還能力の向上に資すると判断される場合には、新規の信用を供与。その際、事業価値を見極める融資手法（不動産担保や個人保証に過度に依存しない融資）も活用。 • 上記の方策を含む経営再建計画の策定を支援（顧客企業の理解を得つつ、顧客企業の実態を踏まえて経営再建計画を策定するために必要な資料を金融機関が作成することを含む）。定量的な経営再建計画の策定が困難な場合には、簡素・定性的であっても実効性のある課題解決の方向性を提案。	• 中小企業診断士、税理士、経営指導員等からの助言・提案の活用（第三者の知見の活用） • 他の金融機関、信用保証協会等と連携した返済計画の見直し • 地方公共団体、中小企業関係団体、他の金融機関、業界団体等との連携によるビジネスマッチング • 産学官連携による技術開発支援

事業再生や業種転換が必要な顧客企業（抜本的な事業再生や業種転換により経営の改善が見込まれる顧客企業など）	・貸付けの条件の変更等を行うほか、金融機関の取引地位や取引状況等に応じ、DES・DDSやDIPファイナンスの活用、債権放棄も検討。 ・上記の方策を含む経営再建計画の策定を支援。	・地域経済活性化支援機構、東日本大震災事業者再生支援機構、中小企業再生支援協議会等との連携による事業再生方策の策定 ・事業再生ファンドの組成・活用
事業の持続可能性が見込まれない顧客企業（事業の存続がいたずらに長引くことで、却って、経営者の生活再建や当該顧客企業の取引先の事業等に悪影響が見込まれる先など）	・貸付けの条件の変更等の申込みに対しては、機械的にこれに応ずるのではなく、事業継続に向けた経営者の意欲、経営者の生活再建、当該顧客企業の取引先等への影響、金融機関の取引地位や取引状況、財務の健全性確保の観点等を総合的に勘案し、慎重かつ十分な検討を行う。 ・その上で、債務整理等を前提とした顧客企業の再起に向けた適切な助言や顧客企業が自主廃業を選択する場合の取引先対応等を含めた円滑な処理等への協力を含め、顧客企業自身や関係者にとって真に望ましいソリューションを適切に実施。 ・その際、顧客企業の納得性を高めるための十分な説明に努める。	・慎重かつ十分な検討と顧客企業の納得性を高めるための十分な説明を行った上で、税理士、弁護士、サービサー等との連携により顧客企業の債務整理を前提とした再起に向けた方策を検討
事業承継が必要な顧客企業	・後継者の有無や事業継続に関する経営者の意向等を踏まえつつ、M&Aのマッチング支援、相続対策支援等を実施。 ・MBOやEBO等を実施する際の株式買取資金などの事業承継時の資金需要に対応。	・M&A支援会社等の活用 ・税理士等を活用した自社株評価・相続税試算 ・信託業者、行政書士、弁護士を活用した遺言信託の設定

(注1)この図表の例示に当てはまらない対応が必要となる場合もある。例えば、金融機関が適切な融資等を実行するために必要な信頼関係の構築が困難な顧客企業（金融機関からの真摯な働きかけにもかかわらず財務内容の正確な開示に向けた誠実な対応が見られない顧客企業、反社会的勢力との関係が疑われる顧客企業など）の場合は、金融機関の財務の健全性や業務の適切な運営の確保の観点を念頭に置きつつ、債権保全の必要性を検討するとともに、必要に応じて、税理士や弁護士等と連携しながら、適切かつ速やかな対応を実施することも考えられる。

(注2)上記の図表のうち「事業再生や業種転換が必要な顧客企業」に対してコンサルティングを行う場合には、中小企業の再生支援のために、以下のような税制特例措置が講じられたことにより、提供できるソリューションの幅が広がっていることに留意する必要がある。
　・企業再生税制による再生の円滑化を図るための特例（事業再生ファンドを通じた債権放棄への企業再生税制の適用）
　・合理的な再生計画に基づく、保証人となっている経営者による私財提供に係る譲渡所得の非課税措置

プバンキングのアクションプログラム」をまさに通常の監督行政の「恒久的な枠組み」で推進する具体例になっているものです。

　地域金融機関は、独力で、経営改善や事業再生などに努める中小企業に対して支援することに加えて、外部専門家や外部機関、中小企業関係団体、他の金融機関、信用保証協会等と連携を図りながらコンサルティング機能を発揮することをも勧奨されています。この「顧客企業のライフステージ等に応じて提案するソリューション（例）」は、金融機関自身がこれらの各機関と連携を組む時のメルクマークにもなっています。

③ 企業再生支援機構（現在の地域経済活性化支援機構）および 中小企業再生支援協議会の機能および連携の強化

　財務内容の毀損が大きいとか、金融機関などの調整が難しい中小企業に対して、企業再生支援機構（現・地域経済活性化支援機構。以下「機構」という）や中小企業再生支援協議会（以下「協議会」という）を通じて、事業再生を支援するスキームは以下のとおりです。

⇒ 企業再生支援機構および中小企業再生支援協議会の機能および連携の強化

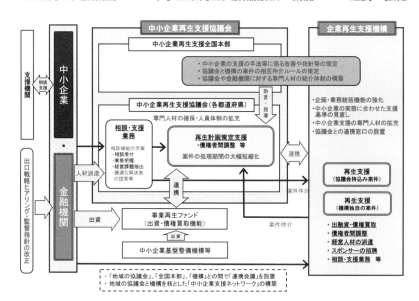

　この図によって、機構や協議会の機能および連携で、難解な再生案件の処理を効率的かつ効果的に行うことができることを目論んでいました。機構や協議会が、標準処理期間を短縮して支援目標件数を増加させ、その処理件数を増やしたものの、民間ベースが動かなければ、返済猶予の件数は減りません。機構や協議会が、呼び水として民間への波及も期待されましたが、実際には、民間の金融機関が担当している返済猶予先の数は、それほど減りませんでした。

　返済猶予を受けている中小企業とその貸出を内包する金融機関が、この返済猶予の解消に積極的に動かない限り、その40万件と言われる膨大な件数は、全体としては大きく減ることはありませんでした。特に、「協議会は、DDSや暫定リスケなどの再生の特効薬のような手法を講じてくれる」という話が伝わり、民間の中小企業や金融機関は、一層、機構や協議会への依頼心が高くなったとも、言われていました。

　金融機関の融資担当者は、債務者区分で破綻懸念先にランクダウンされると、その与信管理は金融機関の本部の不良債権の専門部署に移管されることから、融資現場の担当者としては、ライフステージの衰退期に入った企業へのコンサルティングのスキルを自力で高めようとしないことから、再生スキルが身につかなかったとも言われていました。多くの金融機関では、金融検査マニュアルの債務者区分を早急にランクアップしなければならないと思い込んだせいか、逆に、融資担当者のライフステージにおける一気通貫のコンサルのスキルは、高まらなかったとも言われています。

④ その他経営改善・事業再生支援の環境整備

　この政策パッケージには、「金融機関によるコンサルティング機能の発揮にあたって、経営改善・事業再生支援を行うための環境整備も不可欠となっている」と書かれています。この環境整備こそ、経営改善・事業再生支援に関わる人数が最も多く、政策パッケージの効果を引き上げるポイントと言えます。

　各地域における「金融機関、事業再生の実務家、法務・会計・税務等の

専門家、中小企業関係団体、国、地方公共団体」等からなる「中小企業支援ネットワーク」を構築することが重要ということです。将来的には、認定支援機関などの民間のスキルの高い方々が、このネットワークの核になることが期待されていました。

「中小企業支援ネットワーク」については、2012年12月14日に内閣府・金融庁・中小企業庁より、以下のイメージが発表されていますが、これは、後の地域連携の原型になるものです。

(参考)「中小企業支援ネットワーク」のイメージ

- 地域内の金融機関同士であっても、経営改善や再生に対する目線や姿勢が異なるため、普段からの情報交換や経営支援施策、再生事例の共有等により、経営改善や再生の目線を揃え、面的な経営改善、再生のインフラを醸成し、地域全体の経営改善、再生スキルの向上を図る。
- 参加機関間の連携強化により、各機関が有する専門知識を円滑に活用できる関係の構築を図る。
- 地域毎(県単位を想定)に「中小企業支援ネットワーク」を構築。活動内容、開催頻度、参加者等は地域の実情に応じて決定。
- 各地域における自律的な取組として、地元中小企業の迅速な経営改善・事業再生を促進するため、地方公共団体、協会、協議会、経営支援機関等を中心に関係機関が連携を図り、中小企業を支援する枠組を構築済み、もしくは構築に向けた準備を進めてきた地域については、従前の取組を活用・発展。

中小企業支援ネットワーク

参加機関の連携促進

地方公共団体	経営支援機関	専門家	政府系金融機関	地域金融機関	保証協会 事務局	再生支援協議会	企業再生支援機構	財務局	経産局

(事務局が地方公共団体や再生支援協議会の場合もある)

- **参加機関**:地域金融機関、信用保証協会、政府系金融機関、中小企業再生支援協議会、企業再生支援機構、事業再生の実務家、法務・会計・税務等の専門家、経営支援機関(商工会、商工会議所等)、地方公共団体、財務局、経産局等
- **活　　動**:定期的(年2〜3回程度)に、情報交換会や研修会(施策ツールの紹介、地域金融機関による再生支援の取組、再生手法に関連する勉強会等)により、地域全体の経営改善、再生スキルの向上を図る。

(注)「企業再生支援機構」は2013年3月18日、「地域経済活性化支援機構(REVIC)」に改組されました。

（参考）「個別中小企業者を支援する枠組み」のイメージ

○既に一部地域では、個別中小企業者を支援していく枠組み（事業者とメイン行の要請に基づくバンクミーティング等）が開催されている。
○中小企業支援ネットワークの構築に際し、地域の実情を踏まえながら、各地域において、個別事業者支援する枠組みの構築に向けて検討。

～個別事業者を支援する枠組み（経営サポート会議）～

中小企業者の負荷（中小企業者が経営改善計画を策定していく過程において、複数の金融機関との調整に多大なコスト、時間を要する等）を低減し、関係者が迅速に中小企業者の支援に向けた方向性について意見交換する枠組み。

※常設の会議体としてではなく、個別中小企業者の支援のため、事務局（信用保証協会等）を軸に、当該個別中小企業者と関係者が集まる枠組み想定。

流れ（イメージ） 想定されるメンバー：中小企業者、金融機関（メイン行、関係金融機関）、信用保証協会等

中小企業者とメイン行の要請に基づき、バンクミーティングを開催		中小企業者と関係金融機関等が意見交換を実施		各金融機関が自らの対応方針（条件変更等）を決定（各金融機関が各々の判断の下に自行の方針を決定）
事務局は、関係者の日程調整、会場手配等を担う		・経営改善計画策定までの経過、財務内容、経営改善案、債権者への支援依頼事項や資金計画等を含む経営改善計画を中小企業者から説明 ・計画内容について、意見交換		

※事業者の計画策定に際しては、既存の施策ツール（専門家派遣事業等）の活用や経営支援機関等との連携を検討
※案件に応じて、再生支援協議会や地域再生ファンド、弁護士等と連携し、案件を引き継ぐことも検討

「地域密着型金融の取組みについての評価と今後の対応について－地域の情報集積を活用した持続可能なビジネスモデルの確立を－」という2007年4月の報告では、地域密着型金融・リレーションシップバンキングは、地域・中小企業の再生のためには、「点」の事業再生では十分ではなく、地域全体の活性化、持続的な成長を視野に入れた、同時的・一体的な「面」的再生に結び付けていくことが必要であると述べています（34ページ参照）。そして、地域金融機関は、地方公共団体や他の地域関係者と既に親密な関係を持っていることから、それぞれの連携の中心的な役割を果たして、そのもともとの調査力、企画力を活かし、地域のビジョン策定を積極的に支援することが期待されました。このことが、地域金融機関の「SDGs戦略」や「まち・ひと・しごと創生総合戦略」のアクションプランに繋がることになっています。

金融機関の融資の稟議書のフォームは、ほぼ、以下のとおりです。「取引先名」の記入欄はそれぞれの稟議書の中心にはありません。稟議書は企業

単位で検討を加えることは当然であり、誰もが何の疑問もなく、そのように思い込んでいるようです。

➡ 金融機関内部の稟議書の典型的フォーム・稟議書の表紙

貸出の種類	金額		利率		期日		返済方法		資金使途
担保									
貸出内容	現在残高		利率		毎月返済額		引当		当初金額
①									
②									
③									
合計									
財務内容									
損益状況									
財務比率									
所見									

支店長	副支店長	課長	担当	副審査役	審査役	次長	部長	取締役	専務・常務	副頭取	頭取
◯	◯	◯	◯	◯	◯	◯	◯	◯	◯	◯	◯

　このような稟議書で融資実行の審査を行う時は、この稟議書の中段である「財務内容」や「損益状況」「財務比率」で良い評価を得る企業になることです。そのためには、融資担当者は、コストの大半を占める人件費の節減や、利益率を上げるための採算の悪い先への販売の圧縮を勧奨していました。しかし、この人件費削減や売上利益率拡大のアドバイスを各企業が励行しますと、地域全体やいくつかの企業群で人口の減少となったり、利益改善を伴わない業種の転出に繋がることにもなってしまいます。

　すなわち、企業を「点」で見ていると、個々の企業の人件費の節減や粗利率の改善策ばかりに目が行き、地域全体の衰退の原因となるようなことになります。まさに、このことは「合成の誤謬」ということで、そのようなことがないためにも、地域全体の活性化、持続的な成長を視野に入れた、同時的・一体的な「面」的な視野で、地域金融機関は取引先を見て、アド

バイスをすることも大切です。

　未だに、金融機関の稟議書は、個別企業の検討資料ですが、今後は、「面」として地域全体やいくつかの企業群で、融資の検討が行われるべきであるとも思われます。実際、政府が推奨している「SDGs戦略」「ESG投資」「まち・ひと・しごと創生総合戦略」は、一つの企業を乗り越えて、企業を含めた「面」ベースで考えなければならないことになっています。

　また、「公民連携」の下、地域金融機関、中小企業（経済団体）、地域住民、地方公共団体、行政機関の地域の全プレーヤー（産学官および金融機関）がビジョンを共有し、SDGs戦略と軌を一にする取組みで連携して、チャレンジしていくことが重要ということです。ということは、SDGs戦略を採択している地域金融機関については、この中小企業支援ネットワークに主体的に参加しなければならないと同時に、ここでの活動は地域全体の活性化、持続的な成長を視野に入れた「面」を意識した活動を重視し、今後は、金融庁の検査でもフォローされるものとなって来ると思います。

4）中小企業経営力強化支援法と認定支援機関

① 認定支援機関は約35,000

　行政として、返済猶予件数・金額の健全化のためには、中小企業経営者の自己責任や金融機関独自のコンサルティングに任せてばかりはいられません。中小企業経営者の経営改善計画の作成支援を行うと同時に、金融庁が金融機関に期待するコンサルティングの経営助言・指導・相談のできるスキル・知識を持った支援者の養成が喫緊の課題になりました。政策パッケージは、主に中小企業支援の仕組み作りやインフラ整備の支援体制でしたが、この中小企業経営力強化支援法は、その支援者認定などの具体的な支援を主な目的にしました。政策パッケージの「③その他経営改善・事業再生支援の環境整備」における「中小企業支援ネットワーク」の経営支援機関や専門家の養成を目指す法律とも言えます。

　特に、最近の中小企業の経営課題は、多様化・複雑化しており、税務、

金融および企業財務に関する専門的知識や支援に係る実務経験が一定レベル以上の個人、法人、中小企業支援機関等を、「経営革新等支援機関（認定支援機関）として認定しています。したがって、金融機関を除けば、税理士・公認会計士・弁護士の認定支援機関への登録が多くなっています。

　また、目的は異なりますが、中小企業が海外で事業活動を行う際の資金調達支援も欠かせないことから、その支援を行う内容もこの法律に加えることになりました。

➡ 中小企業経営力強化支援法の概要

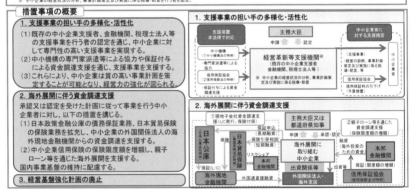

そして、2012年6月21日に「中小企業経営力強化支援法」は成立し、同年8月30日に施行されました。この法律は、中小企業の経営力強化支援者を認定支援機関として大臣が認定し、金融機関とともに、中小企業を支援することになっています。そして、金融円滑化法の失効に対し、返済猶予先に持続可能な返済を付ける出口戦略を実施することが期待されています。

なお、2019年12月20日現在、経営革新等支援機関数は約35,000機関となりました。

② 中小企業は税理士・公認会計士・認定支援機関などの支援を得て 経営改善計画書を金融機関に提出

　経営力強化支援法による認定支援機関の大半が、税理士・公認会計士です。このことは、税理士・公認会計士の業務内容や企業ごとの情報量を見直せば、当然のことと言えます。一般には、税理士は企業の税務申告のみの支援者と思われていますが、既に企業経営の最も頼りになる支援者となっています。最近では金融機関の資産査定（自己査定）のよりどころになる財務報告を、中小企業会計基本要領（中小会計要領）で作成するように、多くの金融機関から要請されていますが、これも税理士・公認会計士にその指導を任せているということです。また、税理士は、月次訪問・巡回監査を恒常的に行っており企業の動態チェックも行っていますので、書面添付も実施している事務所については、各種の数値も信頼できると見られています。

　多くの中小企業の経営者は、金融機関の貸出担当者が自社の情報を最も多く持っていると思っていますが、実は、税理士・公認会計士がその何倍もの情報を保有しています。創業以来の確定申告の付属明細のデータや毎月の月次訪問・巡回監査のデータ、その上、定性要因の情報となれば、かなりのボリュームの情報になっています。中小企業の財務・経理のアウトソーシング（外部委託）もその大半が税理士・公認会計士です。

　一方、金融機関は最近20年以上にわたって、支店の数を削減し、外回りの担当者も減らし続けています。その結果、貸出担当者1人当たりの担当先はどんどん増加し、その上に投資信託・生命保険・損害保険・年金保険などの手数料獲得の商品も扱っていますので、取引先に出向いて経営者とじっくり対話をする時間もほとんどないようです。

　また、不良債権問題の解決の時には、破綻懸念先以下の不良債権先は、金融機関の本部に移管して、ライフステージにおける衰退期の取引先やそ

の再生の実践ノウハウは貸出担当者にはなくなってしまっています。にもかかわらず、金融庁は、その貸出担当者に対して、引き続き、前述の「顧客企業のライフステージ等に応じて提案するソリューション（例）」を要請しています。現実問題として、金融機関の取引先担当者には、もはや、コンサルティングのスキルを身につける時間もなくなっているように思います。

　結局、金融機関の貸出担当者が中小企業に実施すべきコンサルティングや経営改善計画書の作成指導は、中小企業に寄り添う税理士・公認会計士に委ねられることになっています。とは言うものの、実際には、その税理士・公認会計士の全員が、このレベルにまでコンサルティング・スキルが高まったとは言えません。経営力強化支援法による認定支援機関である税理士・公認会計士の方々と言えども、コンサルティングや経営改善計画書の作成指導を行うレベルまでには、到達できていないのが現実とも思われます。

③ 認定支援機関の課題

　この認定支援機関の誕生以来、5年が経過しました。そこで、その「更新手続き」では、「モニタリング、地域連携、信頼できる計算書類」の項目の再チェックを実施することになりました。すなわち、この項目が今後の認定支援機関の課題と見られているのです。

　認定支援機関の中で、これらの項目を強化させたいと思われる方は、「企業経営者の意思決定プロセスや執行手順を良く理解した上で、そのモニタリングを行い、企業経営者や金融機関や行政機関との連携を密にとって、中小会計要領などに沿った計算書類を作成しなければなりませんし、金融機関の支店担当者の立場や行政機関の支援プロセスまで、広く深く理解しておく」ことが必要です。

　例えば、モニタリングについては、企業内の組織・部門をよく把握して、全社ベースの経営計画と整合性がある部門ごとのセグメント計画を作成して、このセグメント計画に沿った実績の見直しを行い、このモニタリング結果を踏まえた修正や部門施策を策定することが必要です。モニタリング

は、事前の全体・部門の経営計画とその後の修正施策に結びつけることがポイントになり、金融機関に所定のフォームがあるならば、そのフォームに沿って報告します。金融機関には、このモニタリングに沿って、借入れの返済に支障が生じないことを報告することが大切なのです。

地域連携についても、地域金融機関や税理士・公認会計士・弁護士などの士業、行政機関などとの協調が重要であり、RESASや経済センサス、まち・ひと・しごと創生総合戦略などのビックデータに裏付けられた情報の交換がポイントになります。仕入先・販売先・地域住民などのステークホルダーとの関係や情報も欠かせません。特に、金融機関に提出する経営計画では、これらの情報が、外部環境に大きく影響を受けますので、「売上予想」の根拠として、その計画の実現可能性を高めなければなりません。

信頼できる計算書類は、企業の内部管理にも役立ちますが、金融機関自身の引当金積上げのための自己査定（資産査定）にも欠かせないものになります。減価償却を行うか否かなどが、オプションになっている税法上の決算書よりも、中小会計要領などに沿った決算書の方が、企業会計原則に準じる金融機関の自己査定には歓迎されます。また、経営改善計画の基本になる「前期の発射台」（下図参照）にも、この信頼できる計算書類は必須と言えます。

➡ 経営改善計画策定のプロセス

	①発射台固め	②売上・費用・利益の予想	③返済予想	④モニタリング体制
プロセス	前年の精査された損益計算（中小企業会計基本要領に準拠・金融機関の資産査定に準拠）	今後5〜10年の売上計画・費用計画（外部・内部環境分析や当該中小企業の強みを加味した予想）	債務償還年数の算出と再生手法の検討、各金融機関交渉を含む複数行調整	作成した計画の予実管理、訪問チェック、ローリングプランなどを作成する体制

認定支援機関の「更新手続き」に要請されている項目については、今まで、認定支援機関では十分に励行されていなかったと見られている項目であり、企業と金融機関の円滑な連携を目指す認定支援機関にとっては、極めて重要なポイントになります。

5）金融庁の地域戦略は平成27事務年度金融行政方針で明確化

　平成27事務年度金融行政方針は、かなりのボリュームになっていますが、地域戦略は、以下の項目に書かれており、他の機関との連携が強調されています。

II. 金融行政の目指す姿・重点施策

2.　金融仲介機能の十分な発揮と健全な金融システムの確保

具体的重点施策

　③　事業性評価及びそれに基づく解決策の提案・実行支援
（ア）b）
iv.「地域企業応援パッケージ[8]」の活用、地域の創業支援事業等に係る産学官金の連携、政府系金融機関やファンド等との連携等、取引先企業の支援を行うための関係者との有効な連携

　特に、「地域企業応援パッケージ」は、以下のように注記されています。

8　「まち・ひと・しごと創生総合戦略」に基づき、産業・金融一体となった総合支援体制の整備のために策定された施策パッケージ。地域企業の生産性・効率性向上のため、企業の課題解決に向けた取組みを官民一体となって支援することを目的としている。

　この地域企業応援パッケージが公表されるに先立って、安倍内閣は、「『日本再興戦略』改訂2015」と「まち・ひと・しごと創生基本方針2015」を閣議決定し、地方創生を大きな目玉政策に位置づけました。これを受けて、金融庁も、具体的な地方創生や地域活性化のガイドラインを行政方針に載せました。

　そして、この金融行政方針で述べられた「地域企業応援パッケージ」は、金融機関の地域戦略の方向性を示すものとして図示されています。

　地域企業は、ライフステージによって、経営課題は異なり、金融機関はそのライフステージに沿ってコンサルティングを行う必要があります。と

同時に、金融機関は、「地域企業応援パッケージ」のリード役となって、「1．埋もれている地域資源を活用した事業化、2．サービス業をはじめとした生産性の向上、3．再出発に向けた環境整備、事業承継支援等」の各施策を行うことが必要です。

➡ 金融等による「地域企業応援パッケージ」の内容
〜産業・金融一体となった総合支援体制の整備に向けて〜

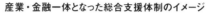

産業・金融一体となった総合支援体制のイメージ

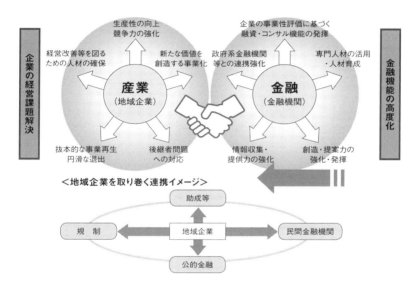

この「地域企業応援パッケージ」は、2003年の「リレーションシップバンキングの機能強化に向けて」の報告から2007年の「中小・地域金融機関向けの総合的な監督指針」の中に組み込まれた種々のリレーションシップバンキング施策のエッセンスを含んでおり、アクションプラン的なものになっています。この考え方や手法は、金融検査マニュアル廃止後の主要施策になる「事業性評価」に重なるものです。

➡ 金融等による「地域企業応援パッケージ」の概要

■地域企業による生産性・効率性の向上、「雇用の質」の確保・向上に向けた取組や地域における金融機能の高度化が必要。
⇒金融等による「地域企業応援パッケージ」を策定し、産業・金融両面からの政府の支援等を総合的に実施し、様々なライフステージにある企業の課題解決に向けた自主的な取組を官民一体で支援する。

企業のライフステージと経営課題（イメージ）

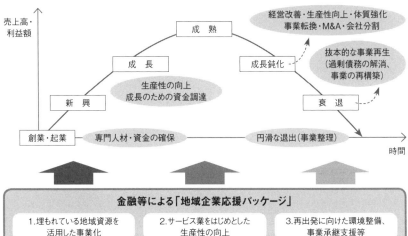

➡ （1）埋もれている地域資源を活用した事業化

- ■地域が**人口減少・少子高齢化等**に直面する中にあって、地域経済を振興するためには、**域外からの収入を増大させる取組みが必要。**
- ■**地域には**、優れた伝統工芸、質の高いリゾート、高級食材など、**国内だけでなくグローバルにみて魅力のある資源が活用できずに埋もれている**可能性。

- ■金融機関の情報ネットワークの活用や、海外需要開拓支援機構（「クールジャパン機構」）等がコーディネート役となって、**埋もれている地域資源を商品化・事業化するために必要な知恵・人材と資金の供給に一丸となって取り組む必要。**

〔地域資源の商品化・事業化として想定される事例〕
- ●優れた伝統工芸製品について、国内外で新たなニーズを見出す
- ●グローバルに見て質の高いリゾートについて、ソフト面を含めたインフラを整備し、外国人観光客に対する魅力を向上
- ●良質な果物等を高級食材として、海外の富裕層向けに輸出
- ●サービス力の高い飲食店の海外展開

　地域金融機関は地場企業との取引が多いものの、異業種企業との取引や公的機関とのネットワークもあります。地域企業の事業性評価を行うことによって、「埋もれている地域資源を活用する事業化」も浮き彫りにされます。地域との連携や、その金融機関と取引のある企業同士の連携も、企業の事業性をさらに高めることになります。企業間の連携においては、それぞれの企業が相互に情報開示を行うことがポイントになりますので、情報開示資料の策定には税理士などの専門家の力も頼ることになります。

（2）サービス業をはじめとした生産性の向上

■人口減少に直面する地域の企業・産業は、成長鈍化・衰退に陥りがち。
早めの経営改善(含む事業転換・M&A等)に取り組むことにより、生産性を向上させ、企業・産業の持続可能性を高めることが重要。

①企業・金融機関ともに、企業の経営課題の把握(診断)力を強化する必要
　▶金融機関が、企業の財務面のみならず、事業の内容や将来性等を適切に把握・分析し、必要な経営支援を行えるような能力を向上させる
　　⇨金融機関に対する検査・監督を通じた事業性評価に基づく融資等の推進　等
　▶企業の経営者自身が、自らの企業の状況・経営課題を把握できるようにする
　　⇨経営改善が必要な産業・企業の見極めに資する評価手法の検討

②生産性向上に必要となるプロフェショナル人材の確保・育成が必要
　▶〔供給サイド〕プロ人材を都市圏から地方へ供給する仕組みの構築
　▶〔需要サイド〕中小企業のプロ人材ニーズの収集や受入れに対する抵抗感の払拭
　　　　　　　　企業がプロ人材に支払う報酬を一定期間補助する制度の創設

③自らでは事業再生や経営改善のための対策を打てない事業者への支援が必要
　▶中小企業再生支援協議会や認定支援機関の支援等の積極的な活用

　企業のライフステージの成熟期から成長鈍化期においては、経営改善・生産性向上・体質強化などの対策を早めに講じる必要があります。金融機関としても、企業の経営課題について早急に把握を行い、企業の財務面のみならず、事業の内容や将来性等を見極めて、企業とともに問題点の改善に注力する必要があります。

　この時点ならば、未だ残っている企業自身の余力を生産性の向上などの改善に振り向けることができるものです。時には、事業転換・M&A・会社分割などの構造改革を伴う大きな施策を講じることもでき、衰退期に向かう企業の生産性の向上に有効に働くものと思われます。

➡ （3）再出発に向けた環境整備、事業承継支援等

■事業の改善・再構築が見込めない企業や後継者不在の企業が、**事業の将来展望が描くことのできないまま事業を継続**。その結果、**経営者自身の再出発が困難**になるだけでなく、**従業員、取引先等に迷惑をかける**おそれ。

■金融機関が、事業再生コーディネーター等（REVIC、事業再生ファンド、事業引継ぎ支援センター等）と連携・協働して、**抜本的な事業再生や事業承継を積極的に支援する必要**。また、**早い段階で、円滑に事業を整理できるための環境整備が不可欠**。
  ▶ 金融機関とREVICが連携したファンドの活用等による抜本的な事業再生支援等の取組を促進
  ▶ 経営者保証に関するガイドラインの活用やREVICによる経営者保証付債権等の買取り・整理等支援を強化
  ▶ 事業承継の円滑化を推進
  ー事業引継ぎ支援センターの全国展開、金融機関との連携を強化
  ー事業引継ぎに向けた中小企業基盤整備機構のファンドの活用を拡充
  ▶ ローカルベンチマーク、円滑な事業整理のための資金面からの支援等を検討

　地域の企業が成長鈍化期から衰退期になったとしても、経営改善に取り組み、再度、生産性を改善することが基本です。とは言いながら、事業の改善や再構築がどうしても見込めないこともあり、後継者が不在で、将来の展望が描けない企業もあります。このような企業に対して、金融機関としては事業性評価を行って、転業や廃業の勧告や支援を行うことが欠かせません。

　行政サイドの地域金融機関への要請は、アクションプランであり、具体的な活動であって、高めのものになっています。

6）金融モニタリング方針・金融行政方針

　平成26事務年度金融モニタリング基本方針から平成27事務年度金融行政方針とそれ以降の基本方針は、金融検査マニュアル廃止後の方針と重なる点が多くなっています。前述の地域戦略の他にも、事業性評価、金融仲介機能、顧客本位の業務運営（フィデューシャリー・デューティー）、共通

価値の創造、「形式・過去・部分」から「実質・未来・全体」へ、というような新方針の骨子となる考え方が、登場しています。これらは、目下、金融庁が目指している「金融育成庁」「利用者を中心とした金融サービス」に通じるものです。

　これらについては、「金融検査マニュアルの債務者区分」の呪縛によってか、利用者と直接接する融資担当者の心のこもった行動や顧客サービスには、なかなか結びつかなかったと思われます。

① 事業性評価……平成26事務年度金融モニタリング基本方針

２．事業性評価に基づく融資等
- 企業活動の国際化や人口減少が進展する中、企業・産業が活力を保って経済を牽引することが重要。
  - グローバル企業・産業の国際競争力維持・強化。
  - 人手不足の中、ローカル企業・産業の生産性向上による雇用や賃金の改善。
- 銀行等が財務データや担保・保証に必要以上に依存することなく、事業の内容、成長可能性を適切に評価し、融資や助言を行うための取組みを検証。

　金融検査マニュアルの債務者区分から入る金融機関の審査プロセスでは、企業の債務者区分（格付け）のスコアリング評価が先行するために、事業の内容や成長可能性の評価を重視しない、時には検討さえ行わないような傾向がありました。企業全体を評価して、企業における個々の事業のキャッシュフローをフォローする審査が行われないままに、財務データや担保・保証に依存する傾向がありました。

② 金融仲介機能……平成27事務年度金融行政方針

Ⅰ．金融行政の目的 ─ 金融行政の目指すもの ─

■金融行政を取り巻く環境が急激に変化する中においても、
① 質の高い金融仲介機能（直接金融・間接金融）が景気のサイクルに大きく左右されることなく発揮されること、

---

② （金融仲介機能の発揮の前提として）将来にわたり金融機関・金融システム
　の健全性が維持されるとともに、市場の公正性・透明性が確保されることに
　より、
⇒企業・経済の持続的成長と安定的な資産形成等による国民の厚生の増大が
　もたらされる。

　この金融仲介機能の発揮を地域金融機関に実現してもらうために、金融庁は以下に示すような50項目にわたる「金融仲介機能ベンチマーク」を公表しましたが、債務者区分の厳格運用や与信管理の重視のためか、徹底されたとは言えませんでした。

➡ 1. 共通ベンチマーク

項　目	共通ベンチマーク
(1) 取引先企業の経営改善や成長力の強化	1.金融機関がメインバンク（融資残高1位）として取引を行っている企業のうち、経営指標（売上・営業利益率・労働生産性等）の改善や就業者数の増加が見られた先数（先数はグループベース。以下断りがなければ同じ）、及び、同先に対する融資額の推移
(2) 取引先企業の抜本的事業再生等による生産性の向上	2.金融機関が貸付条件の変更を行っている中小企業の経営改善計画の進捗状況
	3.金融機関が関与した創業、第二創業の件数
	4.ライフステージ別の与信先数、及び、融資額（先数単体ベース）
(3) 担保・保証依存の融資姿勢からの転換	5.金融機関が事業性評価に基づく融資を行っている与信先数及び融資額、及び、全与信先数及び融資額に占める割合（先数単体ベース）

➡ 2. 選択ベンチマーク

項　目	選択ベンチマーク
(1) 地域へのコミットメント・地域企業とのリレーション	1.全取引先数と地域の取引先数の推移、及び、地域の企業数との比較（先数単体ベース）
	2.メイン取引（融資残高1位）先数の推移、及び、全取引先数に占める割合（先数単体ベース）
	3.法人担当者1人当たりの取引先数
	4.取引先への平均接触頻度、面談時間

(2) 事業性評価に基づく融資等、担保・保証に過度に依存しない融資	5.事業性評価の結果やローカルベンチマークを提示して対話を行っている取引先数、及び、左記のうち、労働生産性向上のための対話を行っている取引先数	
	6.事業性評価に基づく融資を行っている与信先の融資金利と全融資金利との差	
	7.地元の中小企業与信先のうち、無担保与信先数、及び、無担保融資額の割合(先数単体ベース)	
	8.地元の中小企業与信先のうち、根抵当権を設定していない与信先の割合(先数単体ベース)	
	9.地元の中小企業与信先のうち、無保証のメイン取引先の割合(先数単体ベース)	
	10.中小企業向け融資のうち、信用保証協会保証付き融資額の割合、及び、100%保証付き融資額の割合	
	11.経営者保証に関するガイドラインの活用先数、及び、全与信先数に占める割合(先数単体ベース)	
(3) 本業(企業価値の向上)支援・企業のライフステージに応じたソリューションの提供	12.本業(企業価値の向上)支援先数、及び、全取引先数に占める割合	
	13.本業支援先のうち、経営改善が見られた先数	
	14.ソリューション提案先数及び融資額、及び、全取引先数及び融資額に占める割合	
	15.メイン取引先のうち、経営改善提案を行っている先の割合	
	16.創業支援先数(支援内容別)	
	17.地元への企業誘致支援件数	
	18.販路開拓支援を行った先数(地元・地元外・海外別)	
	19.M&A支援先数	
	20.ファンド(創業・事業再生・地域活性化等)の活用件数	
	21.事業承継支援先数	
	22.転廃業支援先数	
	23.事業再生支援先における実抜計画策定先数、及び、同計画策定先のうち、未達成先の割合	
	24.事業再生支援先におけるDES・DDS・債権放棄を行った先数、及び、実施金額(債権放棄額にはサービサー等への債権譲渡における損失額を含む、以下同じ)	

	25.破綻懸念先の平均滞留年数
	26.事業清算に伴う債権放棄先数、及び、債権放棄額
	27.リスク管理債権額(地域別)
(4) 経営人材支援	28.中小企業に対する経営人材・経営サポート人材・専門人材の紹介数(人数ベース)
	29.28の支援先に占める経営改善先の割合
(5) 迅速なサービスの提供等顧客ニーズに基づいたサービスの提供	30.金融機関の本業支援等の評価に関する顧客へのアンケートに対する有効回答数
	31.融資申込みから実行までの平均日数(債務者区分別、資金使途別)
	32.全与信先に占める金融商品の販売を行っている先の割合、及び、行っていない先の割合(先数単体ベース)
	33.運転資金に占める短期融資の割合
(6) 業務推進体制	34.中小企業向け融資や本業支援を主に担当している支店従業員数、及び、全支店従業員数に占める割合
	35.中小企業向け融資や本業支援を主に担当している本部従業員数、及び、全本部従業員数に占める割合
(7) 支店の業績評価	36.取引先の本業支援に関連する評価について、支店の業績評価に占める割合
(8) 個人の業績評価	37.取引先の本業支援に関連する評価について、個人の業績評価に占める割合
	38.取引先の本業支援に基づき行われる個人表彰者数、及び、全個人表彰者数に占める割合
(9) 人材育成	39.取引先の本業支援に関連する研修等の実施数、研修等への参加者数、資格取得者数
(10) 外部専門家の活用	40.外部専門家を活用して本業支援を行った取引先数
	41.取引先の本業支援に関連する外部人材の登用数、及び、出向者受入れ数(経営陣も含めた役職別)
(11) 他の金融機関及び中小企業支援策との連携	42.地域経済活性化支援機構(REVIC)、中小企業再生支援協議会の活用先数
	43.取引先の本業支援に関連する中小企業支援策の活用を支援した先数

	44.取引先の本業支援に関連する他の金融機関、政府系金融機関との提携・連携先数
⑿ 収益管理態勢	45.事業性評価に基づく融資・本業支援に関する収益の実績、及び、中期的な見込み
⒀ 事業戦略における位置づけ	46.事業計画に記載されている取引先の本業支援に関連する施策の内容
	47.地元への融資に係る信用リスク量と全体の信用リスク量との比較
⒁ ガバナンスの発揮	48.取引先の本業支援に関連する施策の達成状況や取組みの改善に関する取締役会における検討頻度
	49.取引先の本業支援に関連する施策の達成状況や取組みの改善に関する社外役員への説明頻度
	50.経営陣における企画業務と法人営業業務の経験年数(総和の比較)

　特に、上記の「2．選択ベンチマーク」の「(1) 地域へのコミットメント・地域企業とのリレーションにおける　2．メイン取引（融資残高1位）先数の推移、及び、全取引先数に占める割合（先数単体ベース）」については、金融検査マニュアルの債務者区分で、「不良債権先」に認定されると、一般的には、メイン行としての支援融資に引当金負担が発生するために、融資を他の付き合い金融機関に分散させる傾向があったことへの「戒め」とも言えます。メイン行の融資シェアダウンや、メイン行回避の動きが、目立ったと言われています。

　「(5) 迅速なサービスの提供等顧客ニーズに基づいたサービスの提供　33.運転資金に占める短期融資の割合」については、債務者区分を融資判断として重視するあまり、年に1回の決算分析の偏重となり、商業銀行の本業である「資金使途とキャッシュフローを重視する短期融資」のシェアダウンが目立つようになったことへの注意喚起とも言えます。

③ 顧客本位の業務運営（フィデューシャリー・デューティー）
……平成28事務年度金融行政方針の主なポイント

Ⅲ. 国民の安定的な資産形成を実現する資金の流れへの転換

> ⑵ 金融機関等による顧客本位の業務運営（フィデューシャリー・デューティー）の確立と定着

（課題）
- ■ 手数料稼ぎを目的とした顧客不在の金融商品販売
- ■ 商品・サービスの手数料水準やリスクの所在が顧客に分かりにくい

（具体的施策）
- ● 顧客本位の業務運営を行うべきとの原則（フィデューシャリー・デューティー）の確立・定着
- ● 手数料の開示の促進／商品のリスクの所在等の説明（資料）の改善
- ● 金融機関による顧客本位の取組みの自主的な開示の促進

　金融検査マニュアルに関するガイドラインは、金融機関の不良債権問題解消を中心に考えていた時に公表されましたので、どうしても金融機関自身の利害を中心に捉えて来ました。金融機関内部の利益計上や目標達成に引っ張られる傾向にありましたので、本来の顧客本位の業務運営（フィデューシャリー・デューティー）のプリンシプルが重視されませんでした。今後は、金融機関内部の利益計上や目標達成の論理よりは、顧客本位の考え方を尊重するべきであるということになります。しかも、この顧客本位の考え方や取組みを、自主的に開示することを促進しなければなりません。

④ 共通価値の創造……平成28事務年度金融行政方針の主なポイント

Ⅳ.「共通価値の創造」を目指した金融機関のビジネスモデルの転換

- ■ 世界的な長短金利の低下や、テクノロジーの進化など、金融業を取り巻く環境は大きく変化
- ■ 横並びで単純な量的拡大競争に集中するような銀行のビジネスモデルは限界に近づいている。金融機関は、現在のビジネスモデルが環境変化の下で持続可能か検証が必要

■金融機関が顧客本位の良質な金融サービスを提供し、企業の生産性向上や国民の資産形成を助け、結果として、金融機関自身も安定した顧客基盤と収益を確保するという好循環(「共通価値の創造」)を目指すことが望まれる

　金融機関は、金融業を取り巻く環境の大きな変化の下、顧客本位の金融サービスを提供して、企業の生産性の向上や個人の資産形成を助けると同時に、自身の安定した顧客基盤と収益も確保することが望まれます。顧客の収益と金融機関の収益を相互に確保する好循環が求められ、これを、「共通価値の創造」と言っています。

　金融機関も顧客も同じ地域にいますので、地域貢献こそ、単純な「共通価値の創造」になるとも言えます。顧客のいる地域への貢献が、顧客への貢献になり、同時に金融機関もその地域によって貢献を受けますので、「共通価値の創造」になるということです。

　実際に、金融検査マニュアルについては、債務者区分の評価に当たって、形式的な判定を重視して、金融機関だけに限定し、また、対象企業だけで考えることが多く、地域についての配慮が少なかったことで、なかなか「共通価値の創造」までには至らなかったようです。

⑤ 形式・過去・部分から実質・未来・全体
……平成29事務年度金融行政方針の概要

Ⅱ. 金融当局・金融行政運営改革(2)

2. 検査・監督のあり方の見直し

> 金融行政の視野を、「形式・過去・部分」から「実質・未来・全体」へと広げた新しい検査・監督を実現する

形式から実質へ	過去から未来へ	部分から全体へ
最低基準（ミニマム・スタンダード）が形式的に守られているか	過去の一時点の健全性の確認	特定の個別問題への対応に集中
実質的に良質な金融サービスが提供できているか（ベスト・プラクティス）	将来に向けた健全性が確保されているか	真に重要な問題を特定し、対応

> そのため、以下の点を含む「金融検査・監督の考え方と進め方（検査・監督基本方針）」を策定
> ✓ チェックリストによる機械的確認（ルールベースの検査・監督）から、ルールとプリンシプルのバランスを重視し、金融行政の目標に遡り重要な問題を議論
> ✓ 金融機関が顧客にとって優れたサービスの提供を競い合い、ベスト・プラクティスを追求するよう促す
> ✓ 顧客が金融機関を主体的に選択できるよう、金融機関の取組みの「見える化」を進める
> ✓ 金融機関の経営の健全性が将来においても確保されるよう、「動的な監督」に取り組む
> ✓ 「悪しき裁量行政」に陥らないよう、外部からの提言・批判が反映される仕組みを整備

　決算書は、前期の財務情報であり、非財務情報は盛り込まれず、定型フォームに形式的な数値で記載されますから、「過去・部分・形式」の報告になってしまいます。金融検査マニュアルの債務者区分は、企業の直近の決算書を中心に、スコアリングシートによって数値の比較ができるようにして算定していましたので、企業の「過去・部分・形式」しか把握できませんでした。

　今後は、取引先企業に加えて企業のある地域や業界を含め、将来を見通した長い時間軸で把握し、非財務情報などの実質的な情報を捉えながら、企業に融資を行い、金融機関経営を行っている状況を、金融庁は検査・監督で見ていくことになります。

　従来の金融機関は、企業の過去の決算書に引っ張られ、もしその債務者区分が低位の場合は、通常行うレベルの事業性評価も行われず、担保・保証に依存する融資や融資の謝絶をしていたようです。この原因は、金融検査マニュアルの呪縛が大きいとみなされ、2019年12月にこの金融検査マ

ニュアルは廃止になりました。廃止後は、それぞれの金融機関で、独自の
ビジネスモデルを策定し、「実質・未来・全体」の見方で、顧客本位で共通
価値の創造を重視した対応を行うことになっています。

3 章

金融検査マニュアル
廃止後の融資業務

1 金融検査マニュアルの独り歩きと融資業務の合理化

金融検査マニュアルの独り歩きと融資業務の合理化

1）格付けとスコアリングによる融資業務の合理化

　1999年に金融検査マニュアルが公表され、しばらくの間は、融資現場である金融機関の融資担当者の理解がなかなか得られませんでした。

　しかし、金融検査マニュアルに準拠したスコアリングシートや、5つ星ホテルや3つ星レストランというようなランキングを想定させる債務者区分（格付け）の分かりやすさが広がるにつれて、この金融検査マニュアルの債務者区分が融資担当者に浸透し、中小企業経営者やその支援者である税理士や公認会計士にも定着していきました。

　この金融検査マニュアルが公表されると、世間ではこのマニュアルから生まれる貸し渋り・貸し剥がしに対して、金融機関批判が盛り上がり始め、金融機関が借り手企業に納得できる説明をしなければならなくなりました。もしもできない場合は、金融機関は中小企業から強いクレームを受けるようになりました。その時からか、納得性があり、分かりやすい、格付けや債務者区分の話が、この理由説明の主役として登場することになりました。

　この流れがしばらく続くと、金融機関が内部で行う「自己査定」の第1プロセスである「債務者区分」が独り歩きをするようになりました。本来、自己査定は各金融機関が自身の決算書における「引当金」を合理的また公平に積み上げるための手法でしたが、この債務者区分が融資審査の絶対的評価のようにみなされ、まるで審査の最終的なゴールのように扱われました。

　金融機関自身も、債務者区分が格付けランクとして、一般的に分かりやすい指標であることに注目し、「債務者区分によって、融資の可否が決定するのですね。」という借り手企業の問合せに対して、あえてそれ以上の詳しい説明をする必要もなくなりました。これは、「引当金の積上げ基準で

あって、融資の可否の基準ではありません。」と否定することもしなくなりました。金融機関の融資担当者の一部では、中小企業の経営者や財務担当者に対して、「債務者区分によって、本部が融資の可否や取引条件を決めているのですよ。」と発言することまでもありました。

　金融機関の融資担当者が借り手企業に、融資謝絶や融資金額の削減、また厳しい融資条件の適用などを説明して、その理由を納得してもらうことは、取引先との融資交渉で最も時間がかかることかもしれません。口頭説明では、なかなか納得してもらうことは難しく、その審査内容が公平でないと、借り手が思い込んで、貸し手金融機関に不満を持った場合は、トラブルになることも多々あります。

　その点、客観的で透明性のあるスコアリングシートに沿って企業の債務者区分を算定し、他の企業も同様な格付けで評価していると、スコアリングシートの用紙を見せながら説明することで、不満は収まり、納得してもらうケースが多くなりました。格付けや債務者区分が広がることで、融資担当者と経営者や税理士などとの交渉時間は、大幅に削減されることになっているのです。この格付け・債務者区分の分かりやすさにより、融資業務における説得時間が削減され、大きな合理化が図れることになりました。

　時を同じくして、金融機関は不良債権問題で収益が低迷した分を、投資信託や年金保険などの手数料商品を販売して、収益の減少をカバーしようとしました。融資の交渉時間を削減することができた銀行員は、手数料収入商品の拡販を行って、収益の減少の補完を目論みました。同時に、金融機関の本部・人事部も、取引先との交渉時間が長くて、なかなか収益を上げられなかった融資担当者や外回り担当者について、格付け・債務者区分の導入によって、交渉時間の節約や事務の合理化を図ることができましたので、人員削減をすることが可能になりました。また、金融機関の経営者も、顧客の近場にある支店の数を削減するようにしました。

2）格付け・債務者区分制度に対する取引先企業の納得性

　同時に、中小企業の経営者も、当初は企業の過去の決算書から算定される格付けや債務者区分で融資申込みをバッサリ切られることに抵抗を感じましたが、金融機関のスコアリングシートによって算出される債務者区分については、客観性・透明性が高く、数値比較にも裏付けられていますから、徐々に格付けや債務者区分の論理に論破されるようになっていきました。

　そして、不良債権の防止のため、金融機関は金融検査マニュアルに従わざるを得ないと言われれば、それ以上の抵抗は徐々にしなくなっていきました。こうなると、以前のように、自社の利益が上がる事業のことやその事業の将来性について金融機関に詳しく話す意欲もなくなり、また、金融機関も格付けや債務者区分で企業の評価を行うことが、融資審査の全工程のように思うようになりました。

　企業の個別の事業やその事業の将来性について、事業性評価を行って企業の個別事情に応じて融資を決定するよりも、金融機関は、不良債権処理を急ぎ、新たに不良債権を発生させないために、金融機関の与信管理の論理を曲げることができなくなりました。特に、融資現場に近い各金融機関の支店の担当者や支店長は、本部や金融庁が推奨する金融検査マニュアルの条項を厳格に解釈することになった融資現場の事情を、本部の審査部や法人部と議論をすることは行わず、金融機関本部も支店長の権限を縮小化して、むしろ、支店の声をはねつけるようなことが、常態化するようになってきました。

3）金融庁推奨の融資柔軟化手法は融資現場にはなかなか浸透せず

　ただし、金融庁としては、融資現場の声を聴かない、このような動きに対して、問題ありとして、何とかこの現場遊離の動きを是正しようとし、種々の施策を講じました。不良債権問題が落ち着き始めた頃には、金融庁

は、「融資とは、企業というよりも、その企業の営む一つの事業に対して事業性評価を行って、支援を行うべきである。その支援から生まれる個々の収益の合算値が、企業の収益になるとしても、その合算値は個々の事業の結果にしかすぎず、年に1回の決算だけでは企業の真の姿は分からない。この決算は過去の一部の数値を形式的にしか表現していないとして、今後の企業は、将来・全体・実質面から評価するべきであり、格付けや債務者区分では、真の企業の力は見えない。」という考え方を強めるようになりました。しかし、金融機関の融資現場には、引き続き、不良債権問題と金融検査マニュアルの大きな壁が立ちはだかっていました。

リレバン（リレーションシップバンキング）や地域密着型金融、金融検査マニュアル別冊(中小企業融資編)の事例紹介、また事業性評価融資、金融仲介機能ベンチマーク、顧客本位の業務運営（フィデューシャリー・デューティー）や共通価値の創造、地域活性化など、金融庁は、金融機関の顧客経営者に寛大でメリットの大きい条件緩和施策を公表し、中小企業への健全な融資を増加させようとしましたが、やはり、融資の現場である金融機関の支店の融資担当者には受け入れられないことになりました。

金融庁の推奨する各施策は、管轄する各金融機関がまず金融庁の施策の趣旨を理解し同意してもらってから、取引先中小企業に融資を増やしてもらおうとするものでした。

例えば、「リレバン」の趣旨を理解して、地域の金融機関が、地元の雇用を増加させ、地域の活性化や環境問題の解決また消費活動を高めたいと目論んだ場合は、たとえ、地域の中小企業が債務超過になった場合でも、その地域金融機関はこの債務超過企業に、融資を続けたり、支援を行い続けるということです。当然ながら、地域金融機関はその経営理念の中には、地元の活性化が刻み込まれていますので、この地域金融機関は経営理念から考えても、この企業への融資支援は行うべきです。

しかし、一般的な金融機関の支店の融資担当者は、金融検査マニュアルの破綻懸念先への融資を実行することは、金融機関自身の引当金や開示債権の問題が生じ、自分の直属の上司である課長や支店長、本部の次長や部

長などへの忖度がはたらき、取引先企業には厳格で低めの債務者区分を適用して、融資謝絶や担保・保証の差入れ交渉を取引先企業に強く実施するということでした。

「事業性評価融資」を推進しようとした地域金融機関についても、同様なことが言えます。地域の林業を活性化するために、地元の木材製品の加工工場の機械導入の融資申込みを受けた場合、この地域におけるこの加工工場の雇用人数のシェアが大きく、その内部統制も順調に実施されているケースでも、その機械導入資金の事業性評価も妥当であって多くのキャッシュフローを生み出す見通しであったとしても、この地域金融機関は、この融資を実行しないかもしれません。

その金融機関の稟議書の起案者である支店の融資担当者は、金融機関の大きな組織のメンバーとして、金融検査マニュアルのガイドラインを厳格に解釈すれば、その稟議書には、直ちに、融資実行したいという内容は盛り込めないはずです。自公庫に引当金負担や開示債権毀損の負担の可能性が生じる場合、自分の融資決定ラインの上司がその稟議書の承認をすることで、金融検査マニュアル違反者として迷惑をかけることは避けなければならないと考えるかもしれません。もちろん、顧客本位の観点から、取引先への融資を重視するべきであるかもしれませんが、現在の金融機関の実際として、目の前の上司に迷惑をかけることが明らかならば、なかなか金融検査マニュアルの条項に表面的に反するような動きは難しいということになってしまいます。

金融検査マニュアル廃止後に、融資の申込みを受けた金融機関は、その「リレバンの趣旨・金融機関の経営理念」や「事業性評価」を認めて、この企業の前期決算が債務超過であろうとも、融資支援は行うと考えるべきです。

4）各金融機関の経営理念

最近話題になっている、「顧客本位の業務運営（フィデューシャリー・

デューティー）や共通価値の創造」の観点から、その企業のステークホルダー（利害関係者）のための雇用維持や環境保全また経済活性化などは妥当な業務運営であり、その地域金融機関の経営理念に合致しているならば、融資は支援するべきです。

　また、企業や自行庫の基盤になっている地域経済への貢献など、共通の価値の引上げになるならば、その融資先の企業が金融検査マニュアルの債務者区分で低位に評価されており、その企業への融資が不良債権先に認定せざるを得ない場合であっても、稟議書の起案者は、自公庫の経営理念に合致しているならば、自信をもって、この事業に関わる融資を行うべきです。顧客本位の業務運営や共通価値の創造に通じるものならば、ほとんどの地域金融機関の経営理念と軌を一にしていると思われますので、融資支援は積極的に行うべきです。融資の現場である金融機関の支店の融資担当者は、自公庫の経営理念を尊重しながら、その企業の「実質・将来・全体」の方向性を確認しながら、融資判断を行うべきです。

　すなわち、これらのリレバンや事業性評価また顧客本位の業務運営・共通価値の創造についての事例は、地域金融機関の経営理念と同一の方向性であり、エリア審査やSDGs審査という手法を重視することであるならば、金融検査マニュアル廃止後の金融庁検査の方針である「実質・未来・全体の視点」を重視しながら、地域の企業の審査を行うべきであると思われます。

　ちなみに、金融庁は、2019年12月18日に、金融検査マニュアルを廃止し、同日に、ディスカッションペーパー「検査マニュアル廃止後の融資に関する検査・監督の考え方と進め方」を公表しました。以下には、12月18日の「新着情報」、9月10日の「新着情報」の概要、そして、「検査マニュアル廃止後の融資に関する検査・監督の考え方と進め方」35〜36ページの〈BOX 5〉を参考に掲載しております。

「検査マニュアル廃止後の融資に関する検査・監督の考え方と進め方」（案）に対するパブリックコメントの結果等について

（抜粋）

　パブリックコメントでお寄せいただいた御意見を踏まえ、必要な追記・修正を行い、📄別紙2「検査マニュアル廃止後の融資に関する検査・監督の考え方と進め方」を策定しました。

　本文書は、引当・償却について現状の実務を否定するものではなく、現在の債務者区分を出発点に、現行の会計基準に沿って、金融機関が自らの融資方針や債務者の実態等を踏まえ、認識している信用リスクをより的確に引当に反映するための見積りの道筋を示しています。

　この点、金融機関の経営理念、経営戦略・方針、内部管理態勢、融資方針やリスク管理等と切り離して、特定の引当の見積方針の是非を問うご意見がありました。

　しかしながら、どのような見積方法が信用リスクをより的確に引当に反映することができるかは、金融機関ごとに異なると考えられ、当該ご意見についても、金融機関の経営理念、経営戦略・方針、内部管理態勢、融資方針やリスク管理等を踏まえた上で検討いただくことが考えられます。

　なお、金融機関が、自らの融資方針や債務者の実態等を踏まえ、信用リスクをより的確に引当に反映する方法を検討するにあたっては、様々な悩みや課題が生じるものと思われます。

　このような悩みや課題について関係者で議論できるよう、金融庁に相談受付窓口を設置しました。ご相談を希望される場合は、こちら（相談受付窓口の設置について）をご確認ください。

令和元年9月10日
金融庁

「検査マニュアル廃止後の融資に関する検査・監督の考え方と進め方」（案）への意見募集（10月11日まで）について

（別紙2）「検査マニュアル廃止後の融資に関する検査・監督の考え方と進め方」（案）概要

①金融機関の経営理念・戦略に応じた検査・監督

1. 金融機関の個性・特性（＝全体像）を理解する。
・金融機関がどのような経営環境の中で、何を目指しているのか（経営理念）、そのためにどのような経営戦略や融資方針、リスクテイク方針を採用しているのか
2. その上で、どのように金融仲介機能を発揮しようとしているのか、それに伴う健全性上の課題は何かを明らかにする（健全性と金融仲介は表裏一体）。
・例えば、地域に根ざした融資を行うのであれば、当該地域の産業事情に通じているか、当該産業特有のリスクにどのように対応しようとしているのか等

検査マニュアル廃止後の融資に関する検査・監督の考え方と進め方

＜BOX 5 ＞融資に関する検査・監督と金融機関の創意工夫との関係の具体例

　金融機関が、経営理念・戦略に沿って、融資についての自主的な創意工夫や、引当の見積りを含め信用リスクの特定・評価のプロセスを改善に取り組もうとしても、当局が特定のビジネスモデルを想定した一律の検査・監督を行えば、金融機関の取組みを制約する可能性がある。そのため、当局としては、金融機関の自主的な創意工夫を制約しないよう、当該金融機関の個性・特性に即した形で融資に関する検査・監督を進めていく。

　具体的には、以下のような場面が考えられる。

例①

過去

▶ 当局による個別貸出の査定の際に、金融機関が、地元の再生支援対象の貸出先の事業の将来性等を説明しても、当局がこれに理解を示さず、実質債務超過だから破綻懸念先ではないかとの指摘を行えば、金融機関内部でも、当該先に対する経営改善支援や追加融資に消極的になる可能性がある。

新たな姿

▶ 個別の債務者区分が間違っているかどうかの検証に注力するのではなく、当該金融機関が経営理念に沿ってどのように顧客の再生支援に取り組んでいるのかを把握し、顧客の経営状況や再生支援の合理性等を検討した上で、今後支援をさらに行っていく上での課題について議論する。

例②

過去

▶ 当局が、金融機関による恣意的な引当の見積りを過度に懸念して、過去の貸倒実績率に依拠した見積りを一律に強制すれば、金融機関によってはかえって信用リスクに対して適切な引当を見積もることができず、ひいては当該金融機関の健全性を適切に評価することが困難となる可能性がある。

新たな姿

▶ 関係者との議論を経て、様々な融資ポートフォリオの特性に合った引当の見積方法を今後蓄積・公表していくことで各金融機関の取組みを進めやすくするとともに、

▶ 個別の金融機関に対しては、引当の見積りプロセスの検証を重視し、例えば、当該金融機関の経営陣が、支援対象先をグルーピングした上で当該グループのリスク特性を考慮して引当を見積もるといった取組みを尊重する。

例③

過去

► 地元の中小企業向け融資の貸出残高が、金融機関が想定していたように伸び
ず、一時的に収益が悪化している場合に、当局が金融機関の経営理念に理解
を示すことなく、本業赤字であることを単に指摘し、ビジネスモデルの持続可能
性に疑問を呈する。

新たな姿

► 当該金融機関の経営理念・方針を起点として、リスクに見合ったリターンをどのよ
うな時間軸で見込んでいるのかを理解し、当該金融機関の健全性の程度も勘案しつ
つ、時間軸を意識してモニタリングする。

　このように、金融機関の個性・特性に即して、優先課題の対話を行っていくことは、
金融機関において、改善の取組みを制約されることがなくなり、自らの経営理念に沿
った形での様々な創意工夫に取り組みやすくなることに加え、健全性の適切な評価に
も資するものと考えられる。

2

金融検査マニュアル廃止後は
債務者区分審査から柔軟審査に変化

1）赤字先・債務超過先でも融資は可能

1999年の金融検査マニュアル公表以来、約20年が経過し、金融検査マニュアルにおける債務者区分は定着し、この債務者区分への対応は、金融機関や中小企業の経営者またその支援者である税理士などの士業の皆様への影響は極めて大きいものでした。金融検査マニュアル公表後の審査については、企業の前期の決算書の貸借対照表や損益計算書の種々の勘定科目をベースに、スコアリングシートによって、大摑みに債務者区分を算定し、金融検査マニュアル別冊（中小企業融資編）の各事例に沿って、その債務者区分を調整して、企業としての評価である最終的な債務者区分を確定していました。いわゆる、企業審査のプロセスです。

この債務者区分によって、ほぼ引当率が決まり、金融機関の引当金の金額が決められます。この債務者区分が要管理先や破綻懸念先以下になった場合は、大きな引当金負担が必要になり、金融機関の損益にマイナス効果を出します。そのために、いったん、要管理先や破綻懸念先以下に算定された場合は、よほどのことがない限り、この債務者区分先への融資は控える動きになっていました。しかし、中小企業は自社の努力とは関係なく、売上が伸びたり落ち込むこともあり、費用も増加したり軽減されることもあります。景気状況や法律改正でも、決算書の内容や損益は大きく動くことがあります。そのような外部要因によって、都度、金融機関の融資対応が変化することになれば、中小企業の経営は不安定になってしまいます。

企業の業績が上がる見込みであろうとも、前期の決算書による債務者区分の制約によって、中小企業に融資が自由にできない場合は、中小企業の収益チャンスが失われてしまいます。収益チャンスとは関係ない債務者区分のために、融資を謝絶されたり、厳しい条件を押し付けられたりした場

合は、取引先中小企業への資金パイプが細くなり、利益を上げるチャンスを喪失してしまいます。この逆もあります。企業の業績が上がる見込みがあれば、前期の決算書が赤字でも債務超過先でも、中小企業に収益チャンスが明らかで、融資実行から返済までの期間に、赤字や債務超過による資金流出がないならば、融資は可能であり、返済財源も確保され、融資のリスクはありません。

2）赤字先・債務超過先でも短期間の融資ならば支援は可能

　金融検査マニュアル公表前の融資審査は、事業性評価融資のように、企業の一つひとつの事業内容を吟味しながら、その将来の成長性を把握して、資金の立替え状況に沿って、融資するものでした。この融資期間は、6か月以内が多く、長くても1年以内の短期間の融資であり、取引先企業もその短期間の融資を受けるために、頻繁に金融機関の融資担当者と情報交換を行っていました。卸問屋ならば、収益が上がる商品の仕入れは、販売後数か月で利益を上乗せした売掛金の回収を伴います。建設会社ならば、工期の短い、小さな工事の立替え資金は利益を含んで短期間に回収されます。そのような短期間の融資の場合は、その融資の返済財源が別件の資金に流出されない限り、返済リスクは小さいものです。業種、業界で特徴のある資金の動きを見て、返済がしっかり見込まれれば融資は可能になります。短期間ならば、一般に、その融資返済のリスクは少なくなります。

3）地域金融機関は地域に重要な地場産業の活性化を融資で支援できる

　現在、日本は、少子高齢化が進み、特に、地方はこの影響を大きく受けて、若手の労働力は減少し、労働吸収力の大きい中小企業の減少も進んでいます。金融機関としては、この流れを食い止めるために、中小企業への融資の増強を図って地域の活性化に力を入れなければならないとされてい

ます。金融庁も、中小企業や個人事業主への資金投入で、中小企業の業務の拡大を通して、地域の活性化を目論んでいます。そのために、各地域金融機関の経営理念によって柔軟に債務者区分のランクアップをすることも認められるようになりました。

　債務者区分の柔軟対応は、業種によっても、認められます。地場産業の育成の観点から、ある業界については、地域金融機関として、支援度を増すことも可能になります。

　例えば、卸・小売業を育成したい場合、この業界への融資が増加すれば、企業としては新規に売れ筋商品の仕入れを行い、販売を増やすことができます。その仕入れから販売までの立替え資金の借入れができれば、商品・製品の回転が生じて、利益は積み上げられることになります。

　このように、中小企業は、赤字を出さないような注文を取ることで、その事業に関わる収益を積み上げることが可能になるのです。建設業の場合は、同時に何社もの、また何人もの施主から、工事の注文を受けることがありますが、その工事に関わる建材や人工の立替え資金に関する借入れができれば、多くの工事現場で仕事が始まり、それぞれの工事現場における収益の積上げで、全社ベースの収益も増加していきます。製造業は、生産ラインの機械購入により、製造原価の引下げや生産効率のアップに繋がって販売競争力が高まり、全体の収益も増加していきます。

　このように、地域金融機関の経営理念によって、地場産業の活性化を図り、その業界に資金投入を行って、その産業の活性化に繋げることもできます。地域金融機関は、中小企業の資金ニーズを見つけて、融資を投入できれば、収益は増強し、財務体質も好転し、企業を活性化することができるのです。

4）長期借入れでも返済計画が明確ならば融資は可能

　長期借入れでも、設備資金融資ならば、その設備のほぼ耐用年数以内の返済期日までに、キャッシュフローの見通しがあれば、融資が可能になります。また、長期運転資金融資は短期融資の返済財源が曖昧になったものとか、販売先の債権回収不能分や在庫の毀損によって返済計画が狂ったものなどに、長期の返済を付ける融資ですが、融資期間内に収益償還が可能ならば、この融資はできます。ただし、このような長期資金は、その融資期間中に、赤字や債務超過で大きな資金流出が見込まれる場合は、検討が必要です。

　その企業の資産内容を見直して、不要不急の資産があれば、返済不能になった時に売却を見越して、担保設定を依頼することもあります。

　なお、金融検査マニュアル公表前においては、地域金融機関は、短期融資が多く、長期融資が少ない状況でした。したがって、融資判断資料は、決算書よりもキャッシュフローを見る「資金繰り実績予想表」や「試算表」が、企業から金融機関へ提出する主な資料でした。年に１回の決算書による債務者区分の算定よりも、数か月の短期融資の検討の場合は、毎月のキャッシュフローの動向が明らかになる資料が、その融資判断のポイントになっていました。今後、金融検査マニュアル廃止後については、さらに、地域貢献度などのエリア審査も加わりますから、地域情報やSDGs情報、また地域と企業の「共通価値の創造」の情報などの資料も必要になり、企業の将来を見通した、より柔軟な審査手法にシフトするようになるものと思われます。これらの資料は融資を増加するための応援資料というものです。

3 金融検査マニュアル廃止後の 金融機関の融資審査プロセスの変化

　中小企業への融資については、金融検査マニュアルの導入を境にして、資金繰りや資金ニーズに柔軟であった審査から、企業の格付け・債務者区分に沿って厳格な審査へとシフトしました。その後、この金融検査マニュアルが廃止となりましたが、再度、柔軟な審査にシフトしていくことになると思われます。しかし、その過程においては、数年間は、両者が混在する期間が続き、それ以降は、後段で説明するSDGs融資の世界に入っていくものと思われます。

１）金融検査マニュアル時代の金融機関の融資審査プロセス

　融資の歴史は、決算書の歴史をはるかに超えて遡っていくものでしたが、最近では金融機関から融資を受けるには決算書の提出が必須条件のように思われています。しかし、金融検査マニュアルが公表される前は、中小企業融資については必ずしも決算書は必要ではありませんでした。

　実は、バブルが崩壊した後に、融資審査において決算書が必須という流れになったのです。融資は金融機関の決算書では資産の部にあり、引当金でその質（リスク度）を調整することになっています。この引当金の算出に、企業自体のリスク度を算出する必要があって、そのために、債務者区分、債権分類、そして貸倒実績率・予想損失率などという企業単位で評価する各種指標が使われるようになって、決算書が必要になったということです。

　当時、日本の金融機関の不良債権問題が世界的な話題になり、その中で日本の各金融機関の引当金は公平に積まれておらず、客観性でも透明性でも問題があると言われていました。そのため、引当金を正しく積んで決算書の健全化を目指すことになりました。ちょうどその時に、金融機関の内

部統制を高めるために公表をしようとしていたのが、「金融検査マニュアル」でした。そこで、内部統制の「金融検査マニュアル」に、この引当金の公平な積み方を示した別表1・2が追加されることになりました。

　当時の日本の金融機関の不良債権問題は、国際的にも注目を集めており、ジャパンプレミアムという不名誉な上乗せ調達金利を強いられていましたので、国を挙げて、金融機関の引当金の正しい積上げを行うことになりました。その引当金積上げプロセスの第1歩が、債務者区分という企業格付けであったのです。

　このように、引当金は、金融機関の貸出資産に対し、金融機関の種々な事情を踏まえて、独自に設定するものでしたが、金融庁の金融検査マニュアルにその手法を委ねることになりました。また、当時は、金融機関を巡って「貸し渋り・貸し剥がし」の問題が起こっており、金融機関は、この問題の説明もしなければならない時でもありました。

　そこで、引当金に関する「債務者区分」が、格付けという分かりやすい指標になり、市民権を得て、広く中小企業やその支援者の税理士の間に広がっていくことになりました。特に、この正常先・要注意先・要管理先・破綻懸念先・実質破綻先・破綻先の6段階の債務者区分先に、貸出金利が対応し、担保・保証条件もリンクして説明されることになって、中小企業も、税理士も、また、融資現場の銀行員にも浸透していきました。

　「あなたの会社は、今年の決算の格付け評価で、要注意先から破綻懸念先にランクダウンしましたから、貸出金利は0.5％引き上げられ、今までの貸出には担保を差し入れてもらうことになりました。」と決まり文句のように言われることになりました。このような説明で、「貸し渋り・貸し剥がし」の問題への批判も下火になっていき、金融機関と中小企業の間の意思疎通も、あまり時間がかからなくなりました。

　それから20年が経過すると、金融検査マニュアルによって、別の問題が発生しました。公表時とは逆に、金融検査マニュアルによって、中小企業と金融機関の情報交換が希薄になってしまったということです。金融機関の融資担当者は、大きな組織の性（サガ）ということか、この債務者区

分の格付けを厳しめに運用し、中小企業経営者は、大きな組織の金融機関には抵抗はできないというあきらめ意識が働いて、対話としての情報交換は途絶えることになりました。

　自社の資金繰りや資金ニーズの事情も、自社の強みも弱みも、自社と地域や業界との関わりの話も、そしてステークホルダーや内部統制に関する情報交換の話も、中小企業の経営者は、ほとんど金融機関の担当者とはしなくなってしまいました。この動きは、次ページの第1表をご覧ください。

　金融機関に融資を申込みに行きますと、まず「直近の決算書を出してください。」と言われ、その決算書から、85ページの第2表のスコアリング・シートにて、債務者区分を算定されます。中小企業の場合は、債務者区分が低く評価される傾向にありますから、次に、「金融検査マニュアル別冊（中小企業融資編）」の事例を見て、ランクアップできる場合は、その債務者区分を引き上げます。ここまでが企業審査ですが、原則、この審査で正常先か要注意先の場合のみが、次の事業審査に進みます。要管理先・破綻懸念先の場合は、融資謝絶か、または、金利は高めになることを前提に、担保交渉もスタートすることになります。

　第2プロセスでは、融資の金額とその融資期間をヒアリングしてから、資金使途のチェックを行います。短期マネーフロー・長期マネーフロー・資本性借入金の融資形態をここで決定します。資金使途のヒアリングによって、期日までの返済内容を決定します。仕入れ・在庫・販売また短期継続融資は、期日一括返済となり、賞与資金・決算資金・設備資金などは毎月分割返済となります。この内容を、第4表（89ページ）の稟議書の上段3段に記入します。

　また、第1表第1プロセスの内容は、第4表の稟議書の中段3段（財務内容・損益状況・財務比率の欄）に記入します。

　この第2表は、第1表、第3表における企業審査の詳細を表しています。この第1行程は、システム手配されており、第2行程は、融資担当者がその調整（ランクアップ）をすることになっています。実際は、融資担当者として、ランクアップすることは難しいようです。

第1表 金融機関の審査プロセス

●第1プロセス

企業審査	第1行程	定量要因分析（財務情報分析）チェック＝自己資本比率・債務償還年数など
	第2行程	定性要因分析（金融検査マニュアル別冊）チェック＝非財務情報・営業力・販売力など

●第2プロセス

事業審査		資金使途チェック		担保・保証チェック
	短期マネーフロー （主に「資金繰り実績・予想表」でチェック）	1）仕入・在庫・販売 2）賞与・決算 3）正常なる運転資金 （短期継続融資）		コベナンツ （財務制限条項）
	長期マネーフロー （主に「資金運用調達表」でチェック）	1）設備 2）長期運転資金 3）貸出構成修正 4）事業再生 5）経営改善支援	第1プロセス 第2プロセスの審査でリスクが大きい時	流動資産担保 （ABL等）
	資本性借入金 （融資） （含、ファンド支援等）	1）創業（成長） 2）業種転換 3）自己株式購入 4）M&A 5）事業承継		従来型 固定資産担保 （不動産・株式等、含定期預金）

●第3プロセス（企業審査・事業審査不可の場合）

エリア審査	大分類	小分類
	株主・ステークホルダー内部統制への貢献度	消費者（顧客）
		仕入先
		得意先
		従業員
		株主
		債権者
		地域住民
		行政機関
		その他（　　　　　）
	地域貢献への当社の意欲（含、ESG投資）	経営者等役員
		従業員
		その他（　　　　　）
	地域・地元からの当社の事業に対する評価	税理士・会計士
		商工会議所・商工会
		学・官
		その他（　　　　　）

2）スコアリングシートと金融検査マニュアル別冊（中小企業融資編）による審査

第2表

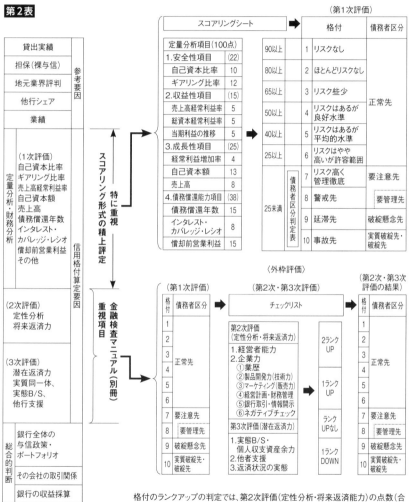

格付のランクアップの判定では、第2次評価(定性分析・将来返済能力)の点数(合計105点)と第3次評価(潜在返済力)の点数合計70点に係る「チェックリスト」の回答から計算した合計点数を、次の基準に照らしてランクアップを判定します。
・合計点数が100点以上………………………2ランクUP
・合計点数が70点以上〜100点未満………1ランクUP
・合計点数が0点以上〜70点未満…………ランクUPなし
・合計点数がマイナスの場合………………………1ランクDOWN
ただし、上記の合計点が、70点以上でも、企業力の「④経営計画・財務管理」(最高40点)と「⑤銀行取引・情報開示」(最高10点)の合計が30点未満の場合は、ランクUPなしとします。

3）金融検査マニュアル廃止後の金融機関の審査プロセス

第3表

● 第1プロセス

事業審査		資金使途チェック
	短期マネーフロー （主に「資金繰り実績・予想表」でチェック）	1）仕入・在庫・販売　　2）賞与・決算 3）正常なる運転資金（短期継続融資）
	長期マネーフロー （主に「資金運用調達表」でチェック）	1）設備　　　　　　　　2）長期運転資金 3）貸出構成修正　　　　4）事業再生 5）経営改善支援
	資本性借入金（融資） （含、ファンド支援等）	1）創業（成長）　　　　2）業種転換 3）自己株式購入　　　　4）M&A 5）事業承継

● 第2プロセス

企業審査	第1行程	定量要因分析（財務情報分析）チェック ＝自己資本比率・債務償還年数など
	第2行程	定性要因分析（金融検査マニュアル別冊）チェック ＝非財務情報・営業力・販売力など

第1プロセス
第2プロセスの
審査でリスクが
大きい時

担保・保証チェック
コベナンツ （財務制限条項）
流動資産担保 （ABL等）
従来型 固定資産担保 （不動産・株式等、 含定期預金）

● 第3プロセス（事業審査・企業審査不可の場合）

エリア審査	大分類	小分類
	株主・ ステークホルダー 内部統制への 貢献度	消費者（顧客）
		仕入先
		得意先
		従業員
		株主
		債権者
		地域住民
		行政機関
		その他（　　　　　）
	地域貢献への 当社の意欲 （含、ESG投資）	経営者等役員
		従業員
		その他（　　　　　）
	地域・地元からの 当社の事業に 対する評価	税理士・会計士
		商工会議所・商工会
		学・官
		その他（　　　　　）

　金融検査マニュアル廃止後の融資審査は、キャッシュフローを重視する「事業性評価融資」が主流になりますから、取引先の融資申込みに対して、まずは、事業審査を行い、その金額・期間・資金使途を、おおむね決定してから、次に、その金額や期間に沿って、企業審査を補完的に行うことになります。

　一方、事業審査については、かなり精緻に行うことが求められます。例えば、従来ならば、資金繰り実績予想表で、資金不足金額から資金余剰金額まで、その金額を機械的に決めていたとしたならば、この廃止後については、資金不足金額・資金余剰金額の収入明細と支出明細を吟味して、その資金使途を決め、融資金額と返済プロセスを決定する程度にまで、事業性評価・事業審査を突っ込んで行うことが必要になると思われます。このことを、数値を使って説明します。

　「資金繰り実績予想表」で、現在は資金不足金額1,000万円、3か月後は資金余剰金額1,500万円であったならば、1,000万円を3か月間融資するとしていたかもしれません。実際の当面の資金不足額1,000万円は、「設備投資の支払い2,000万円と買掛金支払1,000万円の小合計3,000万円」と、「資金余剰金額である保険金の入金1,000万円と売掛金の入金1,000万円の小合計2,000万円」の、その小合計間の差額1,000万円であったならば、長期的な資金調達の視点で2,000万円の設備資金の融資を行うべきであったのです。もしも、当面の資金不足を注視して1,000万円融資し、3か月後に、その1,000万円返済したならば、手元に500万円が余ったとしても、数か月後には、設備資金の調達不足で資金繰りは苦しくなってしまいます。買掛金支払1,000万円と売掛金入金1,000万円で、運転資金の資金ニーズ（立替え資金）はバランスがとれている、と考えられ、保険金の入金1,000万円は特別な収入と見た場合は、まさに設備資金2,000万円が、当面の資金不足1,000万円の原因ということになります。

　このように、「資金繰り実績予想表」の当面の不足金額や余剰金額だけを見て、機械的に融資を行った場合は、将来、その企業は長期的な設備資金の調達不足のために、恒常的に資金繰りが苦しくなり借入ればかりをする

企業になってしまうのです。まさに、収入明細と支出明細を吟味し、その資金使途を考慮して、融資金額と返済プロセスを決定するというくらいにまで、事業性評価・事業審査を突っ込んで検討することが必要になります。このように資金使途について、取引先やその支援者である税理士などと十分な対話を重ねることによって、事業性評価と資金ニーズの把握ができるようになるのです。

　また、エリア審査についても、従来は地域データが完備されていませんでしたから、「ステークホルダー、税理士、商工会」などへのヒアリングしか、その地域のこの企業に対する評価ができませんでしたが、最近では、経済産業省や総務省のホームページを見れば、その企業の周辺の地域データや業界データがありますから、客観的で冷静な評価を行うことが可能になっています。さらに、今後については、地方の行政機関が提出する「SDGs戦略」「まち・ひと・しごと創生総合戦略」のデータを見ることができますし、既に身近なデータになっているRESAS（地域経済分析システム）や経済センサスによって、多くの情報が入手できます。その上に、地域の多くの機関からのヒアリングも可能になっていることから、このエリア審査は、かなり客観性と透明性が高まっており、精度の高いものになっていると思われます。

第4表 金融機関内部の稟議書の典型的フォーム・稟議書の表紙

貸出の種類	金額	利率	期日	返済方法	資金使途

担保					

貸出内容	現在残高	利率	毎月返済額	引当	当初金額	期日
①						
②						
③						
④						
合計						
財務内容						
損益状況						
財務比率						

所見

支店長	副支店長	課長	担当	副審査役	審査役	次長	部長	取締役	専務・常務	副頭取	頭取
◯	◯	◯	◯	◯	◯	◯	◯	◯	◯	◯	◯

4 金融検査マニュアル廃止後の 金融検査の変化

1）融資審査の検査対象は、格付け審査（企業審査）から 資金ニーズ・動態審査（事業審査）へ

　金融検査マニュアル公表後の審査は、不良債権問題の解決に力点が置か
れ、しかもその審査の内容は客観性と透明性が求められていました。1999
年の頃は、各金融機関で不良債権の残高もその引当金の保全基準も明確に
なっていなかったことから、日本の金融機関の財務内容は、ジャパンプレ
ミアムによって海外からの批判を浴びていましたので、どうしてもその審
査基準は、形式的で過去の確定した数値を使ったものになっていました。

　今後は、本来の引当金の考え方（1999年以前の考え方）に戻って、それ
ぞれの金融機関の経営理念に沿ったやり方に戻すことになりました。すな
わち、実質・未来・全体を重視する考え方に変わります。金融庁が定める
金融検査マニュアル（ガイドライン）に拘束されることはなく、それぞれ
の金融機関が、自らの判断で、審査を行って、引当金を積み上げるという
ことです。

➡ 従来の格付け審査と今後の資金ニーズ・動態審査

	特　徴
格付け審査（企業審査）	形式重視　⇒ 客観性 過去計数重視 ⇒ 透明性（スコアリングシート） 部分重視　⇒ 財務情報分析
資金ニーズ・動態審査（事業審査） 《金融検査マニュアル廃止後》	実質重視　⇒ 個々の事業内容の評価 未来重視　⇒ 将来見通し重視、経営計画 全体重視　⇒ 定性要因分析

2）金融庁検査（金融機関に対する）の3つの側面

　各金融機関の審査については、金融庁の金融検査マニュアルの制約がなくなることから、各行は、実質・未来・全体を重視した考え方で、顧客取引先に審査を行うことになります。金融庁も、各行への検査については、金融検査マニュアル別表1・2の与信管理面は、引き続き注意するものの（最低基準検証）、検査官は金融機関が独自に作成したビジネスモデルの効果を引き上げて、各金融機関の貸出増加や収益拡大に役立つアドバイスも行うようにします（動的な監督）。各金融機関のビジネスモデルについても、顧客本位の共通価値の創造を重視しながら、「SDGs戦略」「まち・ひと・しごと創生総合戦略」の趣旨を尊重しながら、策定するものと思われます。

　同時に、検査においても、金融機関と建設的なコミュニケーションで対話を行いながら、最適なアクションプランを見つけ出す努力をすることになっています（探求型対話）。

※ 「最低基準検証」……金融検査マニュアル別表の与信管理面は引き続き注意する。
　「動的な監督」…… 今後の検査官の力点。検査官は金融機関が独自に作成したビジネスモデルの効果を引き上げ、各金融機関の貸出増加や収益拡大に役立つアドバイスも行う。
　「探求型対話」…… 同上。議論でも会話でもない建設的なコミュニケーションで最適なアクションプランを見つけ出す。

4章

これからの地方創生・地域活性化はSDGsによって決まる!?

1 SDGs (Sustainable Development Goals：持続可能な開発目標)とは

 外務省
Ministry of Foreign Affairs of Japan

本文へ | English | 文字サイズ 中 大 特大

検索

JAPAN SDGs Action Platform

このプラットフォームは，社会に広がるSDGsに関連した取組を幅広く紹介することを目的に運営しています

∨ SDGsとは？　　∨ 日本政府の取組　　∨ 取組事例　　∨ ジャパンSDGs
アワード

SUSTAINABLE DEVELOPMENT G⬤ALS

 Japan.
Committed
to SDGs

SDGsとは？

持続可能な開発目標ＳＤＧｓとは
エス・ディー・ジーズ

持続可能な開発目標（SDGs）とは，2001年に策定されたミレニアム開発目標（MDGs）の後継として，2015年9月の国連サミットで採択された「持続可能な開発のための2030アジェンダ」にて記載された2030年までに持続可能でよりよい世界を目指す国際目標です。17のゴール・169のターゲットから構成され，地球上の「誰一人取り残さない（leave no one behind）」ことを誓っています。SDGsは発展途上国のみならず，先進国自身が取り組むユニバーサル（普遍的）なものであり，日本としても積極的に取り組んでいます。

日本政府の取組

持続可能な開発目標（SDGs）推進本部

2015年にSDGsが採択された後，その実施に向け政府はまず国内の基盤整備に取り組みました。2016年5月に総理大臣を本部長，官房長官，外務大臣を副本部長とし，全閣僚を構成員とする「SDGs推進本部」を設置し，国内実施と国際協力の両面で率先して取り組む体制を整えました。さらに，この本部の下で，行政，民間セクター，NGO・NPO，有識者，国際機関，各種団体等を含む幅広いステークホルダーによって構成される「SDGs推進円卓会議」における対話を経て，同年12月，今後の日本の取組の指針となる「SDGs実施指針」を決定しました。

　地域を構成する地域金融機関、自治体、中小企業、支援者たる税理士などのそれぞれの機関が、その縦割り組織の中でベストを尽くすことでは、SDGsのゴールやターゲットを満たし、地方創生や地域活性化を達成することはできません。SDGsを採択した地域金融機関においては、経営理念の中に、当然ながら、SDGsのゴールやターゲットを内包しなければなりません。取引先に対する審査や営業拠点の運営方針、監督官庁の監査・検査指針も、すべてSDGsの考え方に従わなければなりません。

　そのためには、地域における産学官金の単なる連携ばかりではなく、このSDGsのゴールやターゲットを目指した連携が求められることになります。

　自治体・行政機関においては、以下のとおり、SDGsのアクションプランが示されています。今後は、各地域金融機関においても、それぞれの経営理念を構築して、SDGsのアクションプランに従った活動をしていくことになると思います。金融検査マニュアルの廃止で、各地域金融機関は経営理念や地域の実情に沿って、取引先企業とともに、SDGsのゴールやターゲットを目指すことができるようになると思います。そのためにも、各地域金融機関は、従来の稟議制度、営業拠点運営、今後のビジネスモデル、金融庁の監督・検査への対応について、SDGsの視点で、再確認を行いながら、経営理念の構築をする必要があると思われます。

2 自治体におけるSDGs

　自治体SDGs推進評価・調査検討会の「自治体によるSDGsの取組の評価の視点」では、今後の各自治体のアクションプログラムの骨子が以下のように述べられています。

（ i ）SDGs の理解度の視点

　2030アジェンダを踏まえ、SDGsの基本理念を自治体で実現することが地方創生の推進に貢献することを理解し、バックキャスティングの考え方に基づいて、持続可能な社会の構築に向けた長期的な取組計画を策定し、自身のSDGsの取組の水準、内容を認識するためのチェックを行っているか。

　SDGsのゴール、ターゲット、指標（インディケーター）を理解し、取組進捗管理を実施するとともに、優先的に取り組む目標（マテリアリティ）の設定のプロセスを明示しているか。

　経済、社会、環境に関する課題の統合的取組による、トレードオフの緩和及びシナジー効果の創出等を理解しているか。

（ ii ）取組体制の整備の視点

　首長のリーダーシップの下、取組を強力に執行する体制を整備し、分野横断的な施策を立案、実施する組織が設置されているか。

　計画策定に際して、多様なステークホルダーが参加し、広く外部から積極的に情報を取り込む仕組みとなっているか。

　従来の慣例にとらわれないアイデアを提案できる人材、包摂的な視点を持つ人材、多様なステークホルダーとの対話の推進役を果たすことのできる人材の育成及び発掘する仕組みを作っているか。

　プロジェクト推進のための組織を編成し、そのリーダーに各種権限（予算執行権限等）を付与する等、役割が内外から見える体制であるとともに、専門的人材を広く外部から登用する道が開かれているか。

　国内外のステークホルダーとの交流、他自治体との連携、国際的な情報発信を推進する体制を構築するとともに、多くのステークホルダー間の交流を促進するためのプラットフォームの設置の計画を持っているか。

　これらの自治体の「SDGsの理解度の視点」や「取組体制の整備の視点」を見るとき、現在の自分の自治体だけで取組体制を整備するのではなく、ステークホルダーの参加や対話が力説されており、自治体以外の組織との

連携を想定しています。地域金融機関や税理士などの士業との連携も考えているものと思われます。他の組織の貢献度や強みを考慮しながら、「SDGsという共通言語」を共有するが如く対話を重ねるように、具体的なコラボのアクションプランをイメージすることも大切です。

　なお、「バックキャスティング」とは、「目標となるような状態を想定し、そこを起点に現在を振り返って、今、何をすべきかを考える方法」のことです。

（ⅲ）SDGs の取組計画の実装と目標設定の視点

　自治体としての総合計画等にSDGsの取組計画を実装し、指標やKPIを活用する進捗管理及びPDCAの仕組みにより、内外の情勢の変化に対応して、計画を見直すことができる体制となっているか。

　地域の歴史的経緯や立地条件を踏まえた、優先的に取り組む目標（マテリアリティ）の設定の趣旨を明示し、地方創生に貢献するための具体的な行動目標、地域の課題解決の方向性を明示するKPIが設定され、統合的取組が推進されているか。

（ⅳ）具体的な事業推進の視点

　経済活性化への視点を組み込み、域内における事業活動が経済、社会、環境の3側面に利益が循環することで自律的好循環を生み出し、その財務的価値及び住民や企業の満足度向上等の非財務的価値を評価できる仕組みとなっているか。

　SDGs金融がさらに活発となる仕組みや誘導政策が組み込まれているか。

（ⅴ）フォローアップ実施の視点

　短期的な効果を追求するアウトプットだけではなく、長期的な効果としてのアウトカムにも着目するPDCAにより、事業実施の効果を数値管理する等の組織のガバナンスが徹底されているか。

　SDGsの取組計画を総合計画等に実装し、指標やKPI、PDCAを実践すること、また、経済、社会、環境の3側面に利益が循環する自律的好循環を生み出すこと、さらには、その利益をSDGsの共通言語によって、皆と対話を重ねることで、最適な処分案を考えて、再投資を行うこと、このような循環がなされることが求められます。すなわち、SDGs金融を組み込むことで経済・社会・環境の相乗効果のサイクルが動き出して、モニタリングも徹底され、再度、この良き循環に入ることを強調しています。

3 地方創生における自治体施策とSDGsの連携

➡ 自治体SDGsモデル事業について

モデル事業とは

　SDGsの理念に沿った統合的取組により、<u>経済・社会・環境の三側面における新しい価値創出</u>を通して持続可能な開発を実現するポテンシャルが高い先導的な取組であって、<u>多様なステークホルダー</u>との連携を通し、地域における<u>自律的好循環</u>が見込める事業を指す。

＜事業イメージ＞

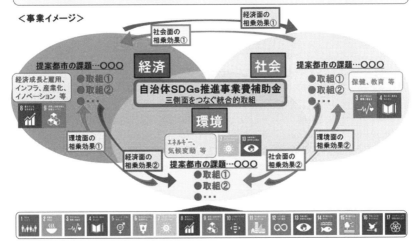

＝まち・ひと・しごと創生総合戦略、未来都市施策、官民連携施策等との連携＝

➡ 地方創生における自治体SDGs推進の意義

地方創生における自治体SDGs推進の意義

○地方創生の深化に向けては、**中長期を見通した持続可能なまちづくりに取り組むこと**が重要
○**自治体におけるSDGsの達成に向けた取組は、地方創生の実現に資するもの**であり、その取組を推進することが必要

自治体 SDGsの推進
- ✓ 将来のビジョンづくり
- ✓ 体制づくり
- ✓ 各種計画への反映
- ✓ 関係者（ステークホルダー）との連携
- ✓ 情報発信と成果の共有
- ✓ ローカル指標の設定

経済 **社会**

三側面を統合する施策推進

環境

**人々が安心して暮らせるような、持続可能なまちづくりと地域活性化を実現
地方創生成功モデルの国内における水平展開・国外への情報発信**

地方創生 の目標
- ✓ 人口減少と地域経済縮小の克服
- ✓ まち・ひと・しごとの創生と好循環の確立

既に、各自治体で実行されていた「まち・ひと・しごと創生総合戦略」をSDGsの共通言語で再考し、自治体のSDGs推進の意義を再認識することが重要です。

また、令和元年度については、以下のようにSDGs未来都市・自治体SDGsモデル事業を選定しています。

令和元年度 SDGs未来都市・自治体SDGsモデル事業について

概要 中長期を見通した持続可能なまちづくりのため、地方創生に資する、地方自治体による持続可能な開発目標（SDGs）の達成に向けた取組を推進していくことが重要。
地方創生分野における日本の「SDGsモデル」の構築に向け、引き続き、自治体によるSDGsの達成に向けた優れた取組を提案する都市を「SDGs未来都市」として31都市を選定。また、特に先導的な取組を「自治体SDGsモデル事業」として10事業を選定する。※平成30年度においては「SDGs未来都市」として29都市を選定。「自治体SDGsモデル事業」として10事業を選定。
これらの取組を支援するとともに、成功事例の普及展開等を行い、地方創生の深化につなげていく。

➡ 令和元年度 SDGs未来都市 選定都市一覧

No.	提案者名	提案全体のタイトル
1	岩手県陸前高田市	ノーマライゼーションという言葉のいらないまちづくり
2	福島県郡山市	SDGsで「広め合う、高め合う、助け合う」こおりやま広域圏〜次世代につなぐ豊かな圏域の創生〜
3	栃木県宇都宮市	SDGsに貢献する持続可能な"うごく"都市・うつのみやの構築
4	群馬県みなかみ町	水と森林と人を育む みなかみプロジェクト2030 〜持続可能な発展のモデル地域"BR"として〜
5	埼玉県さいたま市	SDGs国際未来都市・さいたま2030モデルプロジェクト〜誰もが住んでいることを誇りに思える都市へ〜
6	東京都日野市	市民・企業・行政の対話を通した生活・環境課題産業化で実現する生活価値（QOL）共創都市日野
7	神奈川県川崎市	成長と成熟の調和による持続可能なSDGs未来都市かわさき
8	神奈川県小田原市	人と人とのつながりによる「いのちを守り育てる地域自給圏」の創造
9	新潟県見附市	住んでいるだけで健康で幸せになれる健幸都市の実現〜「歩いて暮らせるまちづくり」ウォーカブルシティの深化と定着〜
10	富山県	環日本海地域をリードする「環境・エネルギー先端県とやま」
11	富山県南砺市	「南砺版エコビレッジ事業」の更なる深化〜域内外へのブランディング強化と南砺地域循環共生圏の実装〜
12	石川県小松市	国際化時代にふるさとを未来へつなぐ「民の力」と「学びの力」 〜PASS THE BATON〜
13	福井県鯖江市	持続可能なめがねのまちさばえ〜女性が輝くまち〜
14	愛知県	SDGs未来都市あいち
15	愛知県名古屋市	SDGs未来都市〜世界に冠たる「NAGOYA」〜の実現
16	愛知県豊橋市	豊橋からSDGsで世界と未来につなぐ水と緑の地域づくり
17	滋賀県	世界から選ばれる「三方よし・未来よし」の滋賀の実現
18	京都府舞鶴市	便利な田舎ぐらし『ヒト、モノ、情報、あらゆる資源がつながる"未来の舞鶴"』
19	奈良県生駒市	いこまSDGs未来都市〜 住宅都市における持続可能モデルの創出〜
20	奈良県三郷町	世界に誇る!! 人にもまちにもレジリエンスな「スマートシティSANGO」の実現
21	奈良県広陵町	「広陵町産業総合振興機構（仮称）」の産官学民連携による安全・安心で住み続けたくなるまちづくり
22	和歌山県和歌山市	持続可能な海社会を実現するリノベーション先進都市
23	鳥取県智頭町	中山間地域における住民主体のSDGsまちづくり事業
24	鳥取県日南町	第一次産業を元気にする〜SDGsにちなんチャレンジ2030〜
25	岡山県西粟倉村	森林ファンドの活用で創出するSDGs未来村

26	福岡県大牟田市	日本の20年先を行く10万人都市による官民協働プラットフォームを活用した「問い」「学び」「共創」の未来都市創造事業
27	福岡県福津市	市民共働で推進する幸せのまちづくり〜津屋崎スタイル〜を世界へ発信
28	熊本県熊本市	熊本地震の経験と教訓をいかした災害に強い持続可能なまちづくり
29	鹿児島県大崎町	大崎リサイクルシステムを起点にした世界標準の循環型地域経営モデル
30	鹿児島県徳之島町	あこがれの連鎖と幸せな暮らし創造事業
31	沖縄県恩納村	SDGsによる「サンゴの村宣言」推進プロジェクト〜「サンゴのむらづくり行動計画」の高度化による世界一サンゴと人に優しい持続可能な村づくり〜

※都道府県・市区町村コード順

➡ 令和元年度 自治体SDGsモデル事業 選定都市一覧

No.	提案者名	提案全体のタイトル
1	福島県郡山市	SDGs体感未来都市こおりやま
2	神奈川県小田原市	人と人とのつながりによる「いのちを守り育てる地域自給圏」の創造
3	新潟県見附市	「歩いて暮らせるまちづくり」ウォーカブルシティの深化と定着
4	富山県南砺市	「南砺版エコビレッジ事業」の更なる深化〜域内外へのブランディング強化と南砺版地域循環共生圏の実装〜
5	福井県鯖江市	女性が輝く「めがねのまちさばえ」〜女性のエンパワーメントが地域をエンパワーメントする〜
6	京都府舞鶴市	『ヒト、モノ、情報、あらゆる資源がつながる"未来の舞鶴"』創生事業
7	岡山県西粟倉村	森林ファンドと森林RE Designによる百年の森林事業Ver.2.0
8	熊本県熊本市	熊本地震の経験と教訓をいかした地域（防災）力の向上事業
9	鹿児島県大崎町	大崎システムを起点にした世界標準の循環型地域経営モデル
10	沖縄県恩納村	「サンゴの村宣言」SDGsプロジェクト

※都道府県・市区町村コード順

　未来都市は、SDGsの達成に向けた優れた取組を提案した都市ですが、さらにSDGsのモデル事業として、ベストプラクティスと普及展開などを期待されています。

　地方創生SDGs官民連携のプラットフォームでは、SDGsの共通言語を通して、さらに、地方創生の実現に向けた官民連携を推進していきます。

なお、SDGsに取り組む全国の自治体から目標達成に向けた進捗状況を計測するための指標などの要望があって、「自治体SDGs推進評価・調査検討会」が「地方創生SDGsローカル指標リスト」を作成し、2019年4月版（暫定版）を公表しました。

　この「地方創生SDGsローカル指標リスト」は、以下の図のとおり、「SDGsのゴール・ターゲット・グローバルインディケーター・ローカル指標・データ入手可能性・データソース」の項目について、各自治体の政策目標などに照らし合わせて、利用可能なものがあれば参照してくださいというスタンスで提案しています。

　とは言いながら、今後、内容はレベルアップされていくものと思われますので、SDGsの各項目を俯瞰し理解を深めるには参考になるものです。ご活用をお勧めします。

ゴール	ターゲット	グローバルインディケーター		ローカル指標（LI）（案）	データ入手可能性	データソース
・・・	・・・	・・・ ・・・		○ ・・・ ○ ・・・	・・・ ・・・	・・・ ・・・

見開き左ページ	見開き右ページ

図. 地方創生ＳＤＧｓローカル指標リストの構成

5 章

地方創生とSDGs金融

1 金融検査マニュアル廃止とSDGs金融

　1999年の金融検査マニュアルの公表から、この金融検査マニュアル準拠の格付け・債務者区分による融資の時代に変わりました。そして、2019年にはこの検査マニュアルは廃止され、これからしばらくは、「融資審査のプロセス」は、金融検査マニュアル廃止後のもの（86ページ参照）になるものと思われます。その様式が定着するまでの間は、金融検査マニュアル時代の融資審査様式と廃止後の新しい様式が混在することになると思いますが、徐々に新様式のウェイトが増していき、「エリア審査」の影響が大きくなると思います。その後、5年から10年間経過した後には、金融機関は、「企業単体の審査」から「企業審査とエリア審査の合算評価」へシフトしていき、すなわち、企業審査とSDGs審査の併用の審査の時代に入っていくものと思われます。

　金融検査マニュアルがスタートして、しばらく経つと、この検査マニュアルで強調された直前期の決算書を重視する形式・過去・部分の融資審査に対して、リレバン（リレーションシップバンキング）や金融検査マニュアル別冊（中小企業融資編）などの実質的で総合的な見方の審査が金融庁から公表されることになりました。

　その後も、地域密着型金融、金融円滑化法、経営力強化支援法、地域企業応援パッケージ、事業性評価融資、金融仲介機能ベンチマーク、フィデューシャリー・デューティー（顧客本位の業務運営）、共通価値の創造、実質・未来・全体への検査、と金融検査マニュアルの厳格な見方から、実質的で全体を見渡すような、柔軟な見方に向かう、大きな変遷が続けられてきました。そして、その流れの最後に、厳格運用の金融検査マニュアルが廃止となりました。この廃止に向けた流れを俯瞰すれば、まさに、「地球上のだれ一人として取り残さない」という柔軟なSDGsに対応する時代の到来の流れとなってきました。

　具体的には、事業審査から企業審査、そして担保保証チェックからエリア審査が、融資審査のプロセスでしたが、これからはエリア審査としてのSDGs審査のウェイトが高まるということになります。言い方を変えれば、審査対象が一つの企業から「企業と地域」へ、または、「一つの企業から企業群」へ、さらに、「企業と環境」へと進んで、「企業とSDGs」になっていくということです。

　極端な言い方をするならば、今後の金融機関の稟議用紙は、「企業の稟議書」と「SDGsの稟議書」の併用の用紙になるかもしれないということです。このような2つの稟議書を書くことは、フィンテック導入で人材リストラが進んだ金融機関には負荷が大きいことになるならば、「企業の稟議書」は企業自身やその支援者の税理士などが作成し、「SDGsの稟議書」は金融機関のプロパーの行員が書くという仕切りが、できるようになるかもしれません。

2 政府はSDGsの達成に向けた取組みを最重要施策に

　政府は、地方活性化策として、2014年以来、「まち・ひと・しごと創生総合戦略」を進めてきましたが、SDGs戦略は，これと軌を一にしていますので、地方活性化策については、このSDGs戦略に絞り込んで推進していくようになると思われます。当然、金融政策もこの傘下に入っています。

➡ 『SDGsアクションプラン2020』のポイント

- 日本は, 豊かで活力のある「誰一人取り残さない」社会を実現するため, 一人ひとりの保護と能力強化に焦点を当てた「人間の安全保障」の理念に基づき, 世界の「国づくり」と「人づくり」に貢献. SDGsの力強い担い手たる日本の姿を国際社会に示す。
- 『SDGsアクションプラン2020』では, 改定されたSDGs実施指針の下, 今後の10年を2030年の目標達成に向けた「行動の10年」とすべく, 2020年に実施する政府の具体的な取組を盛り込んだ。
- 国内実施・国際協力の両面において, 次の3本柱を中核とする「日本のSDGsモデル」の展開を加速化していく。

I. ビジネスとイノベーション ～SDGsと連動する「Society 5.0」の推進～	II. SDGsを原動力とした地方創生, 強靱かつ環境に優しい魅力的なまちづくり	III. SDGsの担い手としての次世代・女性のエンパワーメント
ビジネス ▶ 企業経営へのSDGsの取り込み及びESG投資を後押し。 ▶ 「Connected Industries」の推進。 ▶ 中小企業のSDGs取組強化のための関係団体・地域, 金融機関との連携を強化。 **科学技術イノベーション(STI)** ▶ STI for SDGsロードマップ策定と, 各国のロードマップ策定支援。 ▶ STI for SDGsプラットフォームの構築。 ▶ 研究開発成果の社会実装化促進。 ▶ バイオ戦略の推進による持続可能な循環型社会の実現(バイオエコノミー)。 ▶ スマート農林水産業の推進。 ▶ 「Society5.0」を支えるICT分野の研究開発, AI, ビッグデータの活用。	**地方創生の推進** ▶ SDGs未来都市, 地方創生SDGs官民連携プラットフォームを通じた民間参画の促進, 地方創生SDGs国際フォーラムを通じた普及展開 ▶ 「地方創生SDGs金融」を通じた「自律的好循環」の形成に向け, SDGsに取り組む地域事業者等の登録・認証制度等を推進 **強靱なまちづくり** ▶ 防災・減災, 国土強靱化の推進, エネルギーインフラ強化やグリーンインフラの推進 ▶ 質の高いインフラの推進 **循環共生型社会の構築** ▶ 東京オリンピック・パラリンピックに向けた持続可能性に配慮 ▶ 「大阪ブルー・オーシャン・ビジョン」実現に向け海洋プラスチックごみ対策の推進。 ▶ 地域循環共生圏づくりの促進。 ▶ 「パリ協定長期成長戦略」に基づく施策の実施。	**次世代・女性のエンパワーメント** ▶ 働き方改革の着実な実施 ▶ あらゆる分野における女性の活躍推進 ▶ ダイバーシティ・バリアフリーの推進 ▶ 「次世代のSDGs推進プラットフォーム」の内外での活動を支援。 **「人づくり」の中核としての保健, 教育** ▶ 東京オリンピック・パラリンピックを通じたスポーツSDGsの推進。 ▶ 新学習指導要領を踏まえた持続可能な開発のための教育(ESD)の推進。 ▶ ユニバーサル・ヘルス・カバレッジ(UHC)推進 ▶ 東京栄養サミット2020の開催, 食育の推進

国際社会への展開	2020年に開催される, 京都コングレス(4月), 2020年東京オリンピック・パラリンピック競技大会(7月～9月), アジア・太平洋水サミット(10月), 東京栄養サミット2020(時期調整中)等の機会も活用し, 国際社会に日本のSDGsの取組を共有・展開していく。

　『SDGsアクションプラン2020』の中心には、「II. SDGsを原動力とした地方創生、強靱かつ環境にやさしい魅力的なまちつくり」が柱として入っています。これは、地方創生は、SDGsによって進められると解釈されることです。SDGsの達成に向けた取組みが、日本各地で抱える地方の諸問題の解決に貢献し、持続可能な開発、すなわち、地方創生・活性化を推進するということです。

3

SDGs金融における
目標とターゲット

　上記の自治体がSDGsのために、計画を策定し推進する場合、当該地区の地域金融機関は行政機関と連携を組んで、SDGs融資などで支援する必要があります。その時の地域金融機関は、主に、SDGsの目標とターゲットによって支援内容を決定します。

　このSDGs融資は、主に、17のゴール（目標）と169のターゲットから構成されていますが、その目標に向かう行動も、実際は、かなりバリエーションがありますので、「言うは易く、行うは難し」のイメージを持ちます。しかし、実際に行動してみれば、その目標・ターゲットに沿った行動の範囲は大きく、それぞれの目標をカバーして相互に関連もしており、相乗効果のある行動にもなりますので、「案ずるより産むが易し」のイメージを持つことができるものと思います。行動する前に、あまり目標やターゲットを狭く解釈しないことが、SDGs戦略やSDGs融資のポイントのように思われます。

➡ 地域金融機関はSDGs目標とターゲットに沿って、
　取引先の地域施策・エリア目標等を評価する

目標	ターゲット(抜粋)
7. エネルギーをみんなに　そしてクリーンに すべての人々に手ごろで信頼でき、持続可能かつ近代的なエネルギーへのアクセスを確保する	**7.a** 2030年までに、再生可能エネルギー、エネルギー効率及び先進的かつ環境負荷の低い化石燃料技術などのクリーンエネルギーの研究及び技術へのアクセスを促進するための国際協力を強化し、エネルギー関連インフラとクリーンエネルギー技術への投資を促進する。
8. 働きがいも経済成長も すべての人のための持続的、包摂的かつ持続可能な経済成長、生産的な完全雇用およびディーセント・ワーク（働きがいのある人間らしい仕事）を推進する	**8.3** 生産活動や適切な雇用創出、起業、創造性及びイノベーションを支援する開発重視型の政策を促進するとともに、金融サービスへのアクセス改善などを通じて中小零細企業の設立や成長を奨励する。
	8.9 2030年までに、雇用創出、地方の文化振興・産品販促につながる持続可能な観光業を促進するための政策を立案し実施する。

9. 産業と技術革新の 基盤をつくろう 強靭なインフラを整備し、包摂的で持続可能な産業化を推進するとともに、技術革新の拡大を図る	9.4 2030年までに、資源利用効率の向上とクリーン技術及び環境に配慮した技術・産業プロセスの導入拡大を通じたインフラ改良や産業改善により、持続可能性を向上させる。全ての国々は各国の能力に応じた取組を行う。
	9.5 2030年までにイノベーションを促進させることや100万人当たりの研究開発従事者数を大幅に増加させ、また官民研究開発の支出を拡大させるなど、開発途上国をはじめとする全ての国々の産業セクターにおける科学研究を促進し、技術能力を向上させる。
10. 人や国の不平等を なくそう 国内および国家間の格差を是正する	10.5 世界金融市場と金融機関に対する規制とモニタリングを改善し、こうした規制の実施を強化する。
11. 住み続けられる まちづくりを 都市と人間の居住地を包摂的、安全、強靭かつ持続可能にする	11.3 2030年までに、包摂的かつ持続可能な都市化を促進し、全ての国々の参加型、包摂的かつ持続可能な人間居住計画・管理の能力を強化する
	11.6 2030年までに、大気の質及び一般並びにその他の廃棄物の管理に特別な注意を払うことによるものを含め、都市の一人当たりの環境上の悪影響を軽減する。
	11.a 各国・地域規模の開発計画の強化を通じて、経済、社会、環境面における都市部、都市周辺部及び農村部間の良好なつながりを支援する。
12. つくる責任 つかう責任 持続可能な消費と生産のパターンを確保する	12.3 2030年までに小売・消費レベルにおける世界全体の一人当たりの食料の廃棄を半減させ、収穫後損失などの生産・サプライチェーンにおける食品ロスを減少させる。
	12.4 2020年までに、合意された国際的な枠組みに従い、製品ライフサイクルを通じ、環境上適正な化学物質や全ての廃棄物の管理を実現し、人の健康や環境への悪影響を最小化するため、化学物質や廃棄物の大気、水、土壌への放出を大幅に削減する。
	12.5 2030年までに、廃棄物の発生防止、削減、再生利用及び再利用により、廃棄物の発生を大幅に削減する。
	12.8 2030年までに、人々があらゆる場所において、持続可能な開発及び自然と調和したライフスタイルに関する情報と意識を持つようにする。

　なお、2020年の新型コロナウィルス問題に関する「SDGs戦略の目標とターゲット（抜粋）」は以下の通りと思われます。

3. すべての人に健康と福祉を あらゆる年齢のすべての人々の健康的な生活を確保し、福祉を推進する	3.3 2030年までに、エイズ、結核、マラリア及び顧みられない熱帯病といった伝染病を根絶するとともに肝炎、水系感染症及びその他の感染症に対処する。
	3.8 全ての人々に対する財政リスクからの保護、質の高い基礎的な保健サービスへのアクセス及び安全で効果的かつ質が高く安価な必須医薬品とワクチンへのアクセスを含む、ユニバーサル・ヘルス・カバレッジ(UHC)を達成する。
	3.b 主に開発途上国に影響を及ぼす感染性及び非感染性疾患のワクチン及び医薬品の研究開発を支援する。また、知的所有権の貿易関連の側面に関する協定(TRIPS協定)及び公衆の健康に関するドーハ宣言に従い、安価な必須医薬品及びワクチンへのアクセスを提供する。同宣言は公衆衛生保護及び、特に全ての人々への医薬品のアクセス提供にかかわる「知的所有権の貿易関連の側面に関する協定(TRIPS協定)」の柔軟性に関する規定を最大限に行使する開発途上国の権利を確約したものである。

4 SDGs金融と自律的好循環による「少子高齢化と東京一極集中化」への対策

1）SDGsで「少子高齢化と東京一極集中化」に対する地方経済対策を

　地方経済は、「少子高齢化と東京一極集中化」によって、中小企業の労働供給の停滞や後継者不足の問題で、成長抑制や「稼げる企業」の減少が当面の問題になっています。

　このアゲンストに対して、地方創生に向けたSDGsの達成が救世主になると言われています。

　世界経済人会議では、「SDGsの取組は、イノベーションや長期安定的な経済をもたらす。」と言い、「ビジネス＆持続可能開発委員会報告書」では、年間12兆ドルの市場機会をもたらすという報告がなされています。国内でも、内閣総理大臣が本部長を務めるSDGs推進本部は、「SDGsを原動力とした地方創生が、日本の各地域が抱える諸問題の解決に貢献し、持続可能な開発、すなわち地方創生を推進する」ものとされています。

　地方の事業者である中小企業は、地域におけるSDGs達成に向けた事業活動を通して、既存事業の維持・拡大や新規事業の創出をし、新たなキャッシュフローを生じ、得られた利益を地域に再投資すると見られています。これによって、企業・事業の成長と地域課題解決を同時に推進し、「自律的好循環」を生み出す役割を果たすことが期待されています。

　地方自治体は、地域におけるSDGs達成に向けて、地域の将来ビジョンを描き、ビジョン実現に向けて、地域の多様なステークホルダーの連携を促進します。そして、地域の重点課題を解決する事業を行う中核的な役割を担います。

　地域金融機関は、地域のすべての産業セクターと横断的にかかわることができ、その支援が重要な役割を果たします。

2）SDGs金融の推進

　SDGs金融とは、持続可能な社会への変革に向けて、SDGs達成に取り組む企業の非財務的価値やESG（環境・社会・統治）要素などを評価し、金融市場からの資金流入等を通じる金融のことを言います。

　地域金融機関自らが、地方創生のSDGs金融に取り組むことは、将来的に持続的な成長を見込める地域事業者や産業等の育成に役立ちます。また、地域の経済・社会・環境に好影響を与える既存事業の維持・拡大にも貢献し、自らのビジネス環境にも役立つことになります。

3）地方創生SDGs金融の自律的好循環形成

　地域に関わる多様なステークホルダーがSDGsという共通言語を通して連携しながら、地域におけるSDGs達成に向けた事業活動を通じて、「自律的好循環」を行うことを、次ページの図で表します。これは、地域課題の解決を図りながらキャッシュフローを生み出して、得られる収益を地域に再投資するということです。

　これらによって、地域が陥っている人口減少や地域経済縮小の負のスパイラルに歯止めをかけることが期待されています。また、これらの取組みによって、民間資金等の積極的な呼び込みも見込まれています。

地方創生SDGs金融を通じた自律的好循環形成の全体像

SDGsを原動力とした地方創生に取り組む企業・事業の拡大

地域課題の発掘
見える化の推進

地域取引企業、GNT（グローバルニッチトップ）発展
・地域雇用・域外資金獲得・ソーシャルビジネス・ソーシャルベンチャーなど

ビジネス本業での地方活性化取組推進
・ICT活用公共サービス・ドローン宅配・AI、IoT活用
・グリーンインフラ・蓄電・ヘルスケア（保険）、復興など

Society5.0の地域実装

| 地方公共団体 | 官民連携促進 | 地域事業者 | 関係会社・サプライチェーン支援 | 上場企業 |

行政効率化・公共サービス高度化
・公共事業　・PPP/PFI　・SIB（ソーシャルインパクトボンド）

自律的好循環
（資金の還流と再投資）

・地方税
・国税（交付金）
・公債

金融機関によるSDGsを考慮した金融支援
（コンサルティングなど、非金融サービス含む）

| 地域金融機関 | 大手銀行・証券など | 機関投資家 |

公的資金　　　　　民間資金

5 まち・ひと・しごと創生総合戦略と SDGs金融

1)当初の「まち・ひと・しごと創生総合戦略」

　2014年当初の「まち・ひと・しごと創生総合戦略」の概要は以下のとおりでした。2019年には、「まち・ひと・しごと創生基本方針2019」で、新バージョンになっています。

まち・ひと・しごと創生総合戦略 ― 概要 ―

※「総合戦略」は、「長期ビジョン」を踏まえ、2015年度を初年度とする今後5か年の政策目標や施策の基本的方向、具体的な施策をまとめたもの。

Ⅰ. 基本的な考え方

1. 人口減少と地域経済縮小の克服

> ○地方は、人口減少を契機に、「人口減少が地域経済の縮小を呼び、地域経済の縮小が人口減少を加速させる」という負のスパイラルに陥るリスクが高い。
> ○人口減少克服・地方創生のためには、3つの基本的視点から取り組むことが重要。
> 　①「東京一極集中」の是正、
> 　②若い世代の就労・結婚・子育ての希望の実現、
> 　③地域の特性に即した地域課題の解決

2. まち・ひと・しごとの創生と好循環の確立

> ◎「しごと」が「ひと」を呼び、「ひと」が「しごと」を呼び込む好循環を確立するとともに、その好循環を支える「まち」に活力を取り戻す。
> 　①しごとの創生
> 　・若い世代が安心して働ける「相応の賃金、安定した雇用形態、やりがいのあるしごと」という「雇用の質」を重視した取組が重要。
> 　②ひとの創生
> 　・地方への新しい人の流れをつくるため、若者の地方での就労を促すとともに、地方への移住・定着を促進する。
> 　・安心して結婚・出産・子育てができるよう、切れ目ない支援を実現する。
> 　③まちの創生
> 　・地方で安心して暮らせるよう、中山間地域等、地方都市、大都市圏等の各地域の特性に即して課題を解決する。

Ⅱ. 政策の企画・実行に当たっての基本方針

2）5年後の「まち・ひと・しごと創生基本方針2019」

「まち・ひと・しごと創生基本方針2019」の閣議決定

「まち・ひと・しごと創生総合戦略2018　改訂版」（平成30年12月21日閣議決定）に掲げられた基本目標及びその達成に向けて作成された政策パッケージ・個別施策につきまして、今後の対応方向をとりまとめた「まち・ひと・しごと創生基本方針2019」が令和元年6月21日に閣議決定されました。ぜひご覧ください。

まち・ひと・しごと創生基本方針2019
（目次）

Ⅱ．第2期に向けての基本的な考え方

　本年（2019年）は、地方創生における5か年の第1期「総合戦略」の最終年であり、また、30年余り続いた「平成」が終わり、「令和」という新たな時代が始まった、象徴的な年である。来年度からの第2期（2020〜2024年度）の地方創生は、「令和時代の地方創生」としての新たな飛躍に向けた第一歩でなくてはならない。そこで、第1期の総仕上げと併せて、現在と将来の社会的変化を見据えながら、第2期「総合戦略」の策定を進めることとする。

　第2期「総合戦略」の策定に向けた検討を行うため、まち・ひと・しごと創生担当大臣の下、学識経験者、経済団体、地方公共団体など様々な有識者からなる「第2期「まち・ひと・しごと創生総合戦略」策定に関する有識者会議」（以下「有識者会議」という。）を開催し、第1期の検証と併せて、これからの5年間の変化のみならず、さらに中長期の社会・経済状況の変化を見据え、直近に行うべき取組について議論を重ねた。議論に当たっては、現場での先導的な取組を含め、多様な関係者や専門家からのヒアリングや意見交換も行った。このような「有識者会議」での議論や、各種のヒアリング等により得られた知見等を踏まえ、第2期「総合戦略」においては、次の考え方で地方創生の更なる充実・強化に臨むこととする。

第2期「まち・ひと・しごと創生総合戦略」策定に向けて

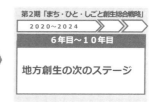

まち・ひと・しごと創生基本方針2019

◎基本方針の枠組	◎スケジュール
①第2期（2020年度〜2024年度）の基本的な考え方	6/21：基本方針2019策定
②第2期の初年度（2020年度）に取り組む主な事項	12月：第2期「総合戦略」策定

※12月に示す国の第2期「総合戦略」に基づき、地方公共団体は、地方版総合戦略を策定

第2期の方向性

第1期(2015年度〜2019年度)の枠組

国 2014年12月策定

長期ビジョン
:2060年に1億人程度の人口を維持する中長期展望を提示

総合戦略
:第1期の政策目標・施策を策定

地方 全ての都道府県、1,740市区町村において策定済み

地方人口ビジョン
:各地域の人口動向、将来人口推計の分析や中長期の将来展望を提示

地方版総合戦略
:各地域の人口動向や産業実態等を踏まえ、第1期の政策目標・施策を策定

4つの基本目標と地方創生版・三本の矢

1. 地方にしごとをつくり、安心して働けるようにする
2. 地方への新しいひとの流れをつくる
3. 若い世代の結婚・出産・子育ての希望をかなえる
4. 時代に合った地域をつくり、安心なくらしを守るとともに、地域と地域を連携する

【地方創生版・三本の矢】情報支援、人材支援、財政支援

第2期(2020年度〜2024年度)の枠組

第1期での地方創生について、「継続を力」にし、より一層充実・強化

(国のビジョン・総合戦略)
◆年内に改訂(ビジョンについては、大きな変更なし)

(地方のビジョン・総合戦略)
◆国のビジョン・総合戦略を踏まえ、切れ目なく改訂

4つの基本目標と地方創生版・三本の矢

<4つの基本目標>
◆従来の枠組を維持しつつ、必要な強化
　・「地方への新しいひとの流れをつくる」の取組の強化
　・「若い世代の結婚・出産・子育ての希望をかなえる」について、子ども・子育て本部等と連携
◆「人材を育て活かす」「誰もが活躍する地域社会をつくる」観点を追加
◆新たな視点に重点をおいて施策を推進
　・新しい時代の流れを力にする(Society5.0等)、人材を育て活かす等
<地方創生版・三本の矢>
◆従来の枠組を維持
◆地方創生関係交付金については、必要な見直しを実施

第2期における新たな視点

第2期(2020年度〜2024年度)においては、4つの基本目標に向けた取組を実施するに当たり、新たな次の視点に重点を置いて施策を推進する。

(1)地方へのひと・資金の流れを強化する
　◆将来的な地方移住にもつながる「関係人口」の創出・拡大。
　◆企業や個人による地方への寄附・投資等を用いた地方への資金の流れの強化。

(2)新しい時代の流れを力にする
　◆Society5.0の実現に向けた技術の活用。
　◆SDGsを原動力とした地方創生。
　◆「地方から世界へ」。

(3)人材を育て活かす
　◆地方創生の基盤をなす人材に焦点を当て、掘り起こしや育成、活躍を支援。

(4)民間と協働する
　◆地方公共団体に加え、NPOなどの地域づくりを担う組織や企業と連携。

(5)誰もが活躍できる地域社会をつくる
　◆女性、高齢者、障害者、外国人など誰もが居場所と役割を持ち、活躍できる地域社会を実現。

(6)地域経営の視点で取り組む
　◆地域の経済社会構造全体を俯瞰して地域をマネジメント。

2020年度における各分野の主要な取組

1. 地方にしごとをつくり安心して働けるようにする、これを支える人材を育て活かす
- 「地域人材支援戦略パッケージ」等による人材の地域展開
- 新たなビジネスモデルの構築等による地域経済の発展
- 「海外から稼ぐ」地方創生
- 地方創生を担う組織との協働
- 高等学校・大学等における人材育成

2. 地方への新しいひとの流れをつくる
- 地方への企業の本社機能移転の強化
- 企業版ふるさと納税の活用促進による民間資金の地方還流
- 政府関係機関の地方移転
- 「関係人口」の創出・拡大
- 地方公共団体への民間人材派遣
- 地方の暮らしの情報発信の強化

3. 若い世代の結婚・出産・子育ての希望をかなえる、誰もが活躍できる地域社会をつくる
- 個々人の希望をかなえる少子化対策
- 女性、高齢者、障害者、外国人等が共生するまちづくり

4. 時代に合った地域をつくり、安心なくらしを守るとともに、地域と地域を連携する
- 交流を支え、生み出す地域づくり
- マネジメントによる高付加価値化
- Society5.0の実現に向けた技術の活用
- スポーツ・健康まちづくりの推進

5. 連携施策等
- 地方創生に向けた国家戦略特区制度等の推進
- 東日本大震災の被災地域における地方創生の加速化
- 規制改革、地方分権改革との連携
- 国土強靱化等との連携

なお、「Society5.0」について、内閣府では以下のような解説をしています。

Society 5.0 とは

サイバー空間（仮想空間）とフィジカル空間（現実空間）を高度に融合させたシステムにより、経済発展と社会的課題の解決を両立する、人間中心の社会（Society）

狩猟社会（Society 1.0）、農耕社会（Society 2.0）、工業社会（Society 3.0）、情報社会（Society 4.0）に続く、新たな社会を指すもので、**第5期科学技術基本計画**において我が国が目指すべき未来社会の姿として初めて提唱されました。

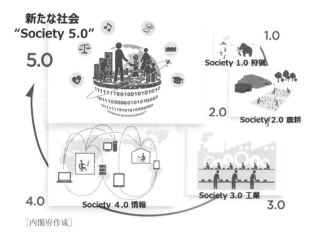

[内閣府作成]

[内閣府作成]

3)「まち・ひと・しごと創生総合戦略」における第1期の動きと 第2期の基本方針を踏まえた創生総合戦略の策定

第2期「まち・ひと・しごと創生総合戦略」の閣議決定

　第2期「まち・ひと・しごと創生総合戦略」が令和元年12月20日に閣議決定されました。これは、引き続き地方公共団体と一体となって、地方創生の深化に取り組むため、第1期の5年間で進められてきた取組の検証を行い、地方創生の目指すべき将来や、2020年度を初年度する今後5か年の目標や施策の方向性等を取りまとめたものです。ぜひご覧ください。

第2期 「まち・ひと・しごと創生総合戦略」

（目次）

付属文書 政策パッケージ

4）「まち・ひと・しごと創生総合戦略」とSDGs

　2014年から、「まち・ひと・しごと創生総合戦略」はスタートし、地方創生・活性化の政策目標や施策の方向性、具体的な施策を、毎年、閣議決定し公表してきました。

　ただし、「地方創生に向けたSDGs金融の推進のための基本的な考え方（2019年3月25日、地方創生SDGs・ESG金融調査・研究会）」において、「2030年を期限とするSDGsの達成のための取組を推進し、SDGsの主流化を図り、経済、社会、環境の統合的向上等の要素を最大限反映する」ことによって、SDGs施策と、この「まち・ひと・しごと創生総合戦略」は軌を一にすることが明らかになり、今後は、SDGs施策が主流になると思われます。

　とは言うものの、各県・各市などにおける過去また今後の「まち・ひと・しごと創生総合戦略」の継続性を勘案するに、この「まち・ひと・しごと創生総合戦略」の把握は欠かせません。

　以下では、この総合戦略とSDGsとの関わりについて、これからの方針が明確に述べられています。ともに、今後の日本の基幹施策となります。

●「地方創生に向けたSDGs金融の推進のための基本的な考え方
（2019年3月25日、地方創生SDGs・ESG金融調査・研究会）」の概要

　国内においては、政府内に関係行政機関相互の緊密な連携を図り、SDGsの実施を総合的かつ効果的に推進することを目的にSDGs推進本部(本部長：内閣総理大臣)を設置し、「持続可能な開発目標(SDGs)実施指針」及び「SDGsアクションプラン(以下、アクションプラン)」が決定された。アクションプランでは、「SDGsを原動力とした地方創生」が一つの柱とされ、SDGsの達成に向けた取組が、日本の各地域が抱える諸課題の解決に貢献し、持続可能な開発目標すなわち地方創生を推進するものとされている。

　「まち・ひと・しごと総合戦略(2018改訂版)」(2018年12月21日閣議決定)では、「今後、更に地方創生を深化させていくために、中長期を見通した持続可能なまちづくりに取り組むことが重要であることから、2030年を期限とするSDGsの達成のための取組を推進し、SDGsの主流化を図り、経済、社会、環境の統合的向上等の要素を最大限に反映する」と示された。

　2019年度は、第1期「（まち・ひと・しごと）総合戦略」における最終年であり、地方創生の実現にとって、極めて重要な1年となる。これまでの地方創生の取組の成果や課題を精査し、第1期の総仕上げに取りかかるとともに、Society5.0の実現やSDGs達成に向けた取組をはじめとする現在と将来の社会的変化を見据え、地方創生の新たな展開としての飛躍に向けた次期の総合戦略策定の準備が開始される。

5)「まち・ひと・しごと創生基本方針2019」「まち・ひと・しごと創生総合戦略」の第2期のスタートとSDGsにおける位置づけ

　この「まち・ひと・しごと創生基本方針2019」とSDGsの内容をパラレルに概観することで、2つの施策が全体最適化や地域課題解決の加速化という相乗効果を生み出すこととができると思われます。

　例えば、「まち・ひと・しごと創生総合戦略」については、「Ⅲ．各分野の当面の主要な取組」および「Ⅴ．各分野の施策の推進」の具体的な取組みで、その取組みに横串を通すこと、また横展開を行うことが可能になります。SDGsの「8．働きがいも経済成長も」「9．産業と技術革新の基盤をつくろう」「10．人や国の不平等をなくそう」「11．住み続けられるまちづくりを」「12．つくる責任 つかう責任」という目標からも、その理解が深まることになります。

　特に、この「まち・ひと・しごと創生総合戦略」は、自治体と一体となって、地方創生の深化に取り組むため、SDGsの理解は必須になります。

6)「まち・ひと・しごと創生総合戦略」におけるSDGsの役割

　以下については、「地方創生SDGs」の施策内容を述べると同時に、その施策に対する実践フォロー、またモニタリング手法まで説明しています。実際、SDGs戦略は、国連と日本政府がその執行を担保していますし、「まち・ひと・しごと創生基本方針」と「まち・ひと・しごと創生総合戦略」は、安倍内閣がアクションプランまで作成し、各地方自治体においても、ロードマップ（行程表）付きの計画まで作成しています。地域金融機関としても、従来の金融検査マニュアルと同様に、十分フォローしておくべきであり、その役割は重要であると思われます。

第2期「まち・ひと・しごと創生総合戦略」

本論第2章（横断的な目標2）
「横2－2 地方創生SDGsの実現などの持続可能なまちづくり」

　持続可能なまちづくりや地域活性化に向けて取組を推進するに当たって、SDGsの理念に沿って進めることにより、政策全体の全体最適化、地域課題解決の加速化という相乗効果が期待でき、地方創生の取組の一層の充実・深化につなげることができる。このため、SDGsを原動力とした地方創生を推進する。一方、SDGsの推進に向けた地方公共団体の取組については、13％にとどまっており[51]、更なる取組の裾野拡大が必要である。

　このため、地方創生に向けた日本のSDGsモデルを国内外に発信するとともに、引き続き、SDGs未来都市の選定や、経済・社会・環境の三側面が統合し、相乗効果と自律的好循環を生み出すモデル事業の形成への支援を行う。また、地方公共団体のみならず、民間企業、金融機関などの多様なステークホルダーによる官民連携プラットフォームの取組を一層活発化させるとともに、地域における資金の還流と再投資を生み出すため、地方公共団体による地域事業者等を対象にした登録・認証制度の展開、地域金融機関等に対する表彰制度、地域金融機関等と大学等との連携による産業シーズやイノベーションの創出や、様々なステークホルダーによる事業の取組に対する評価手法等の構築など、金融面における地方創生SDGsを推進する。

さらに、環境と成長の好循環の実現に向け、自立・分散型で、近隣地域等と地域資源を補完し支え合う「地域循環共生圏」の創造を後押しするとともに、気候変動対策を推進する地方公共団体の取組を支援する。あわせて、生活サービスの提供や地域資源の活用など、人口減少等の社会構造の変化の中で顕在化している地域課題についてビジネスの手法を適用して解決を図る中小企業等の取組を支援する。

(51)「自治体SDGs推進評価・調査検討会」が2019年10月～11月に地方公共団体に対して実施したアンケート調査において、SDGs達成に向けた取組を「推進している」と回答した地方公共団体の割合。

横2-2 地方創生SDGsの実現などの持続可能なまちづくり

＜考え方＞
　SDGsの理念を踏まえた地方創生を推進し、様々な地域課題を解決し、持続可能なまちづくりを進める。
　■SDGsの達成に向けた取組を行っている都道府県及び市区町村の割合
　　60％(2024年度)
　　　※現状：13％(2019年度)

　なお、地域で行われるSDGs達成に向けた取組は地域ごとに異なることから、国は地方公共団体の自主性を尊重し、地方公共団体によるSDGs達成に向けた取組割合[53]の把握を行う。その際、地方公共団体においては、SDGsを構成する17のゴール、169のターゲット、進捗状況を測るための約230の指標等を参考にし、ローカル指標を設定した上で、具体的な取組を推進することが望ましい。

---

(53) 地方公共団体の取組割合を調査するに当たっては、① SDGsのゴール・ターゲット等を参考にした政策目標の策定等による、2030年のあるべき姿を設定した将来のビジョンづくり、②部局を横断する推進組織の設置、執行体制の整備、進捗を管理するガバナンス手法の確立等による体制づくり、③ SDGsの要素の各種計画への反映、④ SDGsの取組の的確な測定、情報発信、成果の共有、⑤国内外を問わないステークホルダーとの連携、⑥ローカル指標の設定、⑦地域事業者等を対象にした登録・認証制度等の地域レベルの官民連携の枠組の構築などの取組の把握を行う。

7)「まち・ひと・しごと創生総合戦略」とSDGs金融

① 地域金融機関との連携による地域の活性化

　地域金融機関は、地域のすべての産業セクターと横断的にかかわっており、内部に抱える各企業に関する情報は、行政機関をはるかに超えていま

す。その支援に本腰を入れれば、地域にとって重要な役割を果たします。しかも、人口の減少に悩む「県」ほど、残された上場企業の顔ぶれを見れば、その中に占める地域金融機関のシェアの高さを再認識できるものと思います。

県名	上場企業一覧
青森県	JQ>>7446 東北化学薬品(株)(とうほくかがくやくひん) 036-8655　青森県弘前市／卸売 JQ>>7450 (株)サンデー (さんでー) 039-1166　青森県八戸市／小売 東1>>8342 (株)青森銀行 (あおもりぎんこう) 030-8668　青森市／銀行 東1>>8350 (株)みちのく銀行 (みちのくぎんこう) 030-8622　青森市／銀行
岩手県	東1>>7679 (株)薬王堂ホールディングス (やくおうどうほーるでぃんぐす) 028-3621　岩手県紫波郡矢巾町／小売 東1>>8345 (株)岩手銀行 (いわてぎんこう) 020-8688　盛岡市／銀行 東2>>8349 (株)東北銀行 (とうほくぎんこう) 020-8606　盛岡市／銀行 東1>>8551 (株)北日本銀行 (きたにっぽんぎんこう) 020-8666　盛岡市／銀行
秋田県	東2>>2655 マックスバリュ東北(株)(まっくすばりゅとうほく) 011-0941　秋田市／小売 東M>>4585 (株) UMNファーマ (ゆーえむえぬふぁーま) 010-1415　秋田市／医薬品 東2>>6656 インスペック(株) (いんすぺっく) 014-0341　秋田県仙北市／電機 東1>>8343 (株)秋田銀行 (あきたぎんこう) 010-8655　秋田市／銀行
鳥取県	JQ>>2222 寿スピリッツ(株)(ことぶき すぴりっつ) 683-0845　鳥取県米子市／食料品 JQ>>6898 トミタ電機(株)(とみたでんき) 680-0823　鳥取市／電機 東1>>6929 日本セラミック(株) (にっぽんせらみっく) 689-1193　鳥取市／電機 東1>>8383 (株)鳥取銀行 (とっとりぎんこう) 680-8686　鳥取市／銀行
島根県	東2>>7150 (株)島根銀行 (しまねぎんこう) 690-0842　松江市／銀行 東1>>8381 (株)山陰合同銀行 (さんいんごうどうぎんこう) 690-0062　松江市／銀行 東2>>9835 (株)ジュンテンドー (じゅんてんどー) 698-0002　島根県益田市／小売
奈良県	東2>>6245 (株)ヒラノテクシード(ひらのてくしーど) 636-0051　奈良県北葛城郡河合町／機械 東2>>6338 (株)タカトリ (たかとり) 634-8580　奈良県橿原市／機械 東1>>7214 GMB(株) (じーえむびー) 636-0295　奈良県磯城郡川西町／輸送用機器 東1>>8367 (株)南都銀行 (なんとぎんこう) 630-8677　奈良市／銀行
高知県	JQ>>3891 ニッポン高度紙工業(株)(にっぽんこうどしこうぎょう) 781-0395　高知市／パルプ・紙 東1>>6289 (株)技研製作所 (ぎけんせいさくしょ) 781-5195　高知市／機械 東2>>6402 兼松エンジニアリング(株) (かねまつえんじにありんぐ) 781-5101　高知市／機械 東2>>7983 ミロク(株)(みろく) 783-0006　高知県南国市／その他製品 東1>>8387 (株)四国銀行 (しこくぎんこう) 780-8605　高知市／銀行 東2>>8416 (株)高知銀行 (こうちぎんこう) 780-0834　高知市／銀行
宮崎県	東1>>4216 旭有機材(株)(あさひゆうきざい) 882-8688　宮崎県延岡市／化学 東M>>6537 WASHハウス(株) (うぉっしゅはうす) 880-0831　宮崎市／サービス JQ>>7636 (株)ハンズマン (はんずまん) 885-0006　宮崎県都城市／小売 東1>>8393 (株)宮崎銀行 (みやざきぎんこう) 880-0805　宮崎市／銀行 福岡>>8560 (株)宮崎太陽銀 (みやざきたいようぎんこう) 880-8606　宮崎市／銀行
佐賀県	東1>>4530 久光製薬 (株)(ひさみつせいやく) 841-8686　佐賀県鳥栖市／医薬品 東2>>4595 (株)ミズホメディー (みずほめでぃー) 841-0048 佐賀県鳥栖市／医薬品 東2>>6643 (株)戸上電機製作所 (とがみでんきせいさくしょ) 840-0802　佐賀市／電機 東1>>8395 (株)佐賀銀行 (さがぎんこう) 840-0813　佐賀市／銀行

沖縄県	東1>>2659 (株)サンエー (さんえー) 901-2733　沖縄県宜野湾市／小売 東1>>8397 (株)沖縄銀行 (おきなわぎんこう) 900-8651　那覇市／銀行 東1>>8399 (株)琉球銀行 (りゅうきゅうぎんこう) 900-8688　那覇市／銀行 JQ>>9436 沖縄セルラー電話(株)(おきなわせるらーでんわ) 900-8540　那覇市／通信 東1>>9511 沖縄電力(株)(おきなわでんりょく) 901-2602　沖縄県浦添市／電気・ガス

※　長崎県には、上場企業はありません。

　このように、地域における地域金融機関の役割は高まっていますが、第2期「まち・ひと・しごと創生総合戦略（令和元年12月20日）」の、32～34ページにも、その重要性が述べられています。

【基本目標1】稼ぐ地域をつくるとともに、安心して働けるようにする

Ⅰ－Ⅰ　地域の特性に応じた、生産性が高く、稼ぐ地域の実現

⑦地域金融機関等との連携による経営改善・成長資金の確保等

　地方公共団体や取引先とのネットワークを通じ、各地域の事情に精通した地域金融機関には、事業への有益なアドバイスとファイナンスを通じて、地域経済の活性化に貢献するなど各地域の地方創生の取組への一層積極的な関与が求められる。

　こうした観点から、地域企業等への経営改善、資金供給などの支援を行うため、地域金融機関等と連携し、ローカルベンチマーク等の活用や、リスク性資金の充実に向けた環境整備等を図る。特に、マーケット規模が十分でない地域での事業展開や未来技術などの新たなイノベーション創出においては、官民一体となったリスク性資金の供給を推進する。また、銀行の議決権保有制限（いわゆる5％ルール）を緩和する措置を行ったことを踏まえ、当該措置の地域金融機関における有効活用を図る。

　また、地域経済の実態を踏まえた政策立案や地域企業の経営に資するため、RESASのデータ拡充やシステム改善等を行うことでユーザビリティを高めるなど、一層の利活用に向けた環境整備を図る。

（2）専門人材の確保・育成

　地域企業が競争力を発揮し、成長を実現するには、経営戦略の策定と経営課題の抽出・洗い出し、その課題を解決できる人材の確保が必要である。このため、各道府県のプロフェッショナル人材戦略拠点の設置を支援し、地域企業の「攻めの経営」への転換と、新たな経営戦略の実現に不可欠となるプロフェッショナル人材のマッチングを進めており、同拠点は、これまで約4万件の相談を受け、7,000件を超える地域企業における即戦力人材の採用を実現している。

図27 成約件数と相談件数の推移

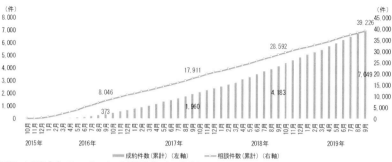

（出典）内閣府「プロフェッショナル人材戦略ポータルサイト」

　他方、地域における人材不足を巡る状況が今後一層厳しさを増していくことを踏まえると、経営人材や即戦力となる専門人材の確保に向けて、地域金融機関や商工会議所等の経営支援機関との連携を強めるなど、地域を支える事業主体の経営課題解決に必要な人材マッチング施策を抜本的に強化することが必要である。とりわけ、地域金融機関は、地方公共団体や取引先とのネットワークを通じ、各地域の事情に精通していることから、その能力をより一層活用することが重要である。

　このため、当面の３年間に限定し、「地域人材支援戦略パッケージ」を集中的に実施する。具体的には、地域企業の経営課題等を把握している地域金融機関等が、人材ニーズを切り出し、職業紹介事業者との連携等により人材マッチングを実現し、企業の成長戦略を全面的にサポートする先導的・モデル的な事業への支援を行う。これにより、地域人材市場の育成とマッチングビジネスの早期市場化・自立化を図る。

　あわせて、プロフェッショナル人材戦略拠点の体制・機能を抜本的に拡充する。具体的には、地域の幅広い企業に対して、副業・兼業を含めた多様な形態での人材マッチング支援を行うため、同拠点の体制を倍増するとともに、地域を越える副業・兼業に伴う移動費について支援を行う。また、プロフェッショナル人材戦略拠点の全国事務局機能を強化し、東京圏などの大都市部の企業における副業・兼業に関する理解の増進や、フォーラムやセミナーの開催による働き手への情報提供等により、地域で活躍する人材の開拓を行うとともに、外部人材の受入れに十分な経験や知見を有していない地域企業の意識改革等を進める。

　これらの取組を通じて、地域を支える幅広い中堅・中小企業や地域商社などの地域特性を活かした事業主体への人材展開を促進し、外部人材の地域での活躍と受入企業の成長を実現する。

② 地域金融機関のSDGs金融による地方創生

　地域金融機関が、地方創生のSDGs金融に取り組むことは、将来的に持続的な成長を見込める地域事業者や産業等の育成、また地域の経済・社会・環境に好影響をもたらしている既存事業の維持・拡大に貢献すると、述べてきました。この動きが、「まち・ひと・しごと創生総合戦略」と相乗効果を生み出すことの考え方は、以下のとおりです。これは、「地方創生に向けたSDGs金融の推進のための基本的な考え方（地方創生SDGs・ESG金融調査・研究会、2019年3月25日）」20 〜 23ページの抜粋です。

　すなわち、ここでは、地方創生SDGs金融について、地域事業者等、地方公共団体、地域金融機関、機関投資家、大手銀行、証券会社等が連携を組み、一つの企業だけでは達成できないようなSDGs金融の連携手法を述べています。登録・認定された企業が、SDGs達成に向けた取組みを通じて、地域で事業を創出・拡大することは、その企業やプロジェクトに投融資を行う地域金融機関にとって、SDGs・ESGなどの評価の端緒になります。

　その後、地域金融機関は、企業の長期持続的な成長や成長の基盤を形成するさまざまな財務情報や非財務情報を得ることができ、これらによって、企業に対するコンサルティング能力を高めることもでき、良き循環が生まれます。さらに、SDGs金融の推進に向けて優れた取組みを行った地域金融機関を、政府が表彰する制度を創設し、地域金融機関のさらなる取組みを促すこともできます。

　こうなると、一層、地域金融機関と地域事業者、地方公共団体、機関投資家、大手銀行、証券会社等の連携が深まり、地域事業者は機関投資家等からの投資機会の拡大や企業価値の向上が期待され、地域金融機関は協業機会の拡大が期待されるということになります。すなわち、SDGsの登録や認定で見える化し、地域金融機関と地域事業者の連携が進み、さらに、地域金融機関と機関投資家などと連携が深まることによって、地方創生SDGs金融のフレームワークが効果的に稼働するということです。

2. 地方創生 SDGs 金融フレームワークの構築

　地方創生に向けた SDGs 金融を実現するためには、地域事業者、地方公共団体、地域金融機関、機関投資家・大手銀行・証券会社等が連携するフレームワークを構築し、そのフレームワークに基づき段階的に連携を発展させていくことが有効と考えられる。フレームワークと、それを実行するための３つのフェーズを以下に示す。なお、３つのフェーズは段階的に進むだけでなく、必要に応じて同時並行に進めることが望ましい。

➡ 地方創生 SDGs 金融フレームワーク

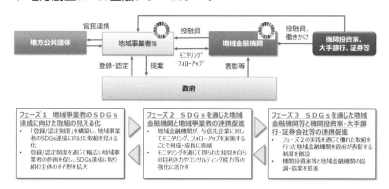

①フェーズⅠ：地域事業者の SDGs 達成に向けた取組の見える化

・地域事業者の登録／認定制度（政府・地方公共団体による）

　SDGs に取り組む企業の「登録・認定制度」を政府・地方公共団体が構築し、地域の独自性も踏まえた上で、企業の SDGs の取り組みを“見える化”する。

・期待される効果

　地域事業者等が地域における SDGs 達成に取り組む際には、事業収益の確保と地域課題の解決の双方を達成することが求められる。その際、事業収益は明確に把握可能な一方で、地域課題の解決や地域への貢献の度合いについては明確な尺度を持たないことが多い。

　こうした課題に対し、企業の SDGs の優れた取り組みを“見える化”することで、企業の SDGs に取り組む意欲を高め、地域における SDGs 達成に取り組む企業のすそ野の拡大が期待される。

　企業の SDGs の取り組みを“見える化”することにより、SDGs に関わるステークホルダー間の連携が促進されるとともに、今後、政府・地方公共団体や金融機関等が SDGs に取り組む企業への支援策を検討・実施する際の情報基盤となる。特に、金融機関にとっては、SDGs に取り組むことが企業の中長期的な成長や与信リスク等にどのような影響を及ぼすかを検証する機会にもなり得るため、将来的に SDGs・ESG を投融資判断に組み入れる際の重要な指針を得ることができる。

②フェーズ２：SDGsを通じた地域金融機関と地域事業者の連携促進

・地域金融機関の取組推進

　フェーズ１で登録・認定された企業がSDGs達成に向けた取り組みを通じて地域で事業を創出・拡大することは、当該企業やプロジェクトに投融資を行う地域金融機関にとって、SDGs・ESGなどの観点から非財務的価値や長期持続的な成長を評価する端緒となる。

　地域金融機関は、与信先企業に対して積極的にモニタリング、フォローアップを実施することで、地域事業者等の育成・成長に貢献するとともに、モニタリングを通じて得られた知見を自らの目利き力やコンサルティング能力等の強化に活かすことができる

・期待される効果

　地域金融機関によるSDGsに取り組む企業やプロジェクトの価値への理解が深まり、こうした事業への投融資活動が活発になることで、長期持続的な成長や更なるビジネス創出が期待される。

　地域金融機関は、SDGsに取り組む地域事業者との関わりを深めることで、企業の長期持続的な成長性や、成長の基盤を形成する様々な財務情報、非財務情報を得ることができ、これら要素を、投融資の判断基準とどう関連づけるかについて考える契機となる機会を提供する。その結果として、担保・保証のみによらない事業性評価に基づく融資手法や、長期的な成長性を見極めるために企業の非財務情報や事業の社会的インパクトを考慮した投融資手法が推進されることが期待される。

　これにより地域金融機関の目利き力が更に強化され、これら投融資手法がフェーズ１で登録・認定された企業に適用されることにより、与信リスクの軽減や、融資対象となる顧客や事業の幅が拡大することが期待され、ひいては登録・認定企業の成長を後押しすることが期待される。

③フェーズ３：SDGsを通じた地域金融機関等と機関投資家・大手銀行・証券会社等の連携促進

・地域金融機関の表彰制度

　フェーズ２の実践を通じSDGs金融の推進に向けて優れた取組を行った地域金融機関を政府が表彰する制度を創設し、地域金融機関の更なる取組を促す。

・地域金融機関と機関投資家・大手銀行・証券会社等の連携促進

　機関投資家・大手銀行・証券会社等と地域金融機関の協調・協業を推進することにより、地域金融機関の人材育成・キャパシティビルディングや、機関投資家等の投融資機会の拡大を目指す。

　例えば、大手銀行が地域金融機関と協調し、企業のサステナビリティ評価に基づき融資をおこなうシンジケートローンを組成する取組や、信託銀行が地域課題の解決に貢献する信託ソリューションを開発し、地域金融機関と連携して全国展開するなどの取組が見られる。

　加えて、大手銀行等が地方公共団体や地域事業者等と連携し、地域課題の解決に向けた公的サービスを提供し、その成果に応じて地方公共団体から報酬が支払われる「ソーシャル・インパクト・ボンド」といった取組も参考になる。

・期待される効果

　表彰された地域金融機関は、機関投資家等からの投融資機会の拡大や企業価値の向上が期待される。また、機関投資家・大手銀行・証券会社は、地方創生やSDGs達成に取り組む地域金融機関等との協業機会の拡大が期待される。

　このように、SDGsの行動に対する見える化から、地域金融機関のSDGs企業との連携、そして、全国規模の大連携の取組みに発展し、その流れは、元に戻って、企業連携から、もう一度、見える化に進み、地域金融機関を起点にする循環となるということです。

　このような循環の中から、民間資金が地域社会に投入され、機関投資家等の扱う資金も地域社会に投入されることになれば、資金の梃子作用によって、地域の活性化が促進できるようになることが、さらなる好循環を生むことになると思われます。

　また、「地方創生に向けたSDGs金融の推進のための基本的な考え方」では、「関東経済産業局・長野県の連携によるSDGs登録制度」として、SDGs貢献に繋がる取組みの理解・気付きと企業の競争力強化の後押し策を、「SDGs金融の支援モデル」として、以下の「目的と2つの事例」を参考資料として載せています。

目的

・地域中小企業等に対して、SDGsを意識した企業経営に取り組む際の参考指標（取組を始める際の道標）を示すとともに、SDGs貢献に繋がる取組・企業活動についての理解・気付きを促進する。
・登録・認定等を通じた「SDGsに取り組む企業の見える化」によって、地域の多種多様なステークホルダーのサポートにより、企業の競争力強化の後押しを行う。

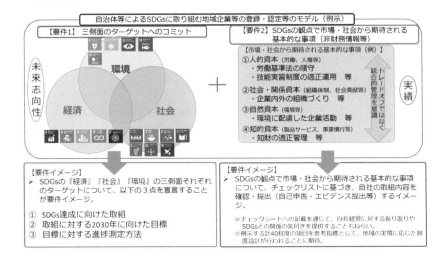

事例I

自治体等によるSDGsに取り組む地域企業等の登録・認定等のモデル（例示）

【要件1】 三側面のターゲットへのコミット

未来志向性

環境

経済　社会

＋

【要件2】SDGsの観点で市場・社会から期待される基本的な事項（非財務情報等）

【市場・社会から期待される基本的な事項（例）】
①人的資本（労働、人権等）
　・労働基準法の順守
　・技能実習制度の適正運用　等
②社会・関係資本（組織体制、社会貢献等）
　・企業内外の組織づくり　等
③自然資本（環境等）
　・環境に配慮した企業活動　等
④知的資本（製品サービス、事業慣行等）
　・知財の適正管理　等

トレードオフではなく統合的管理を意識

実績

【要件イメージ】
➤ SDGsの『経済』『社会』『環境』の三側面それぞれのターゲットについて、以下の3点を宣言することが要件イメージ。
① SDGs達成に向けた取組
② 取組に対する2030年に向けた目標
③ 目標に対する進捗測定方法

【要件イメージ】
➤ SDGsの観点で市場・社会から期待される基本的な事項について、チェックリストに基づき、自社の取組内容を確認・提出（自己申告・エビデンス提出等）するイメージ。
※チェックシートへの記載を通じて、自社経営に対する振り返りやSDGsとの関係の気付きを提供することもねらい。
※例示する計40程度の項目を参考指標として、地域の実情に応じた制度設計が行われることに期待。

　地域金融機関としては、自公庫の経営理念に、「地域におけるSDGsの促進」を想定したならば、地域の自治体に対して、上図の「自治体等によるSDGsに取り組む地域企業等の登録・認定等のモデル」の導入を提案することをお勧めします。行政機関も地域金融機関も、最近の人材リストラで日常業務をこなす以上に、マンパワーがありませんので、まずは連携が必要です。地域金融機関においては、地域には支店しかなく、意思決定ができる部署は本部に集中していますので、このような「SDGsの促進のキックオフ」はやりにくいものです。

　行政機関は、「地域企業等の登録・認定」等まではできると思いますが、その後の推進活動は地域企業の深い情報や人脈も少ないことからなかなかできないと思います。地域金融機関と行政機関が連携すれば、この登録・認定等のモデルは、動き出すことができると思います。地域企業に寄り添う税理士などがその企業に支援を行えば、その動きは活性化してくるはずです。まさに、連携の相乗効果が生まれるものと思います。

事例2

※地域中小企業等向けの支援の枠組み（イメージ）

地域金融機関は、地域の産学官金などのステークホルダーと、資金を通して深い繋がりを持っています。各ステークホルダーのトップ経営者との関係も深く、企業が新規事業をスタートするときの資金供給についても、地域金融機関は「預金＞貸出」の現状であり、融資の支援環境は整っています。その審査においても、SDGs事業を企画する企業の「エリア審査」の情報やその事業に対するモニタリングも容易になっています。上図における、入口支援も出口支援も可能になっています。

8）地域金融機関の個別審査へのSDGsの導入

ここまで、SDGsについて学んできましたが、現実問題として、2018年10月の「中小企業のSDGs認知度・実態等調査」によれば、「このSDGsについて全く知らない」という企業の数は84％になっています。特に、現在では、中小企業経営者やその実権者は、高齢者が多く、ワンマン経営者がかなり多くなっています。これらのワンマン経営者は、自分の経験重視で新しい概念や手法には保守的であり、またなかなか社内のメンバーの言うことも聞かないようです。おそらく、1年単位で決められた勘定科目にしか評価が出ない決算書には、結果が現れないようなSDGsなどの考え方は

受け入れにくいと思われます。しかし、中小企業においても、早急にこのSDGsの考え方と行動を受け入れてもらわないと、地域活性化や地方創生は進んでいきませんし、地域や国そして国連の施策も浸透していきません。そのためには、中小企業に最も説得力のある地域金融機関の融資審査の基準にこのSDGsを導入することが必要であると思います。

① 金融機関に借入れのある中小企業へのSDGsの考え方の導入

　そこで、地域金融機関に借入れのある先、または借入れを考えている企業へのSDGsの導入策を見ていきたいと思います。中小企業に多いワンマン経営者に対して、地域金融機関の影響力は小さくなったと言われていますが、まだまだ借入れのある金融機関に対しては、その意見をよく聞いてくれます。SDGsの考え方は、金融機関の審査プロセスにおけるエリア審査の一部になっていますので、SDGsの内容は融資審査の一部であることを話せば、この経営者の理解も深まるものと思われます。

　「もしも、万一、企業の業績が低下し、債務者区分がランクダウンした場合であっても、このエリア審査でSDGsの評価が得られれば、金融機関としては、原則、支援方針で臨みますし、直接、支援することもあると思います。」と言えますし、「このエリア審査は、『まち・ひと・しごと創生総合戦略』や私ども地域金融機関の経営理念とも重なりますので、金融機関と連携して地域貢献することもできます。これは、SDGsと軌を一にしていますので支援は続けることができると思います。」とも説明できます。今後は、このエリア審査のウエイトが高まり、SDGsの考え方も広がることは、間違いありません。

　融資現場の地域金融機関の貸付課のメンバーとしては、実際は、エリア審査における「株主・ステークホルダーや内部統制の貢献度のチェック」や「地域貢献の当社の意欲」また「地域・地元からの当社の事業に対する評価」についてのヒアリングをすることが主体になっています。

　もちろん、SDGsや「まち・ひと・しごと創生総合戦略」に対して、RESASや経済センサスまた業界のホームページなどで、情報収集や資料入手が進

んでいますが、まだ、そのエリア審査の主流は、企業のステークホルダー・関係者に対する常日頃のヒアリングになっています。現在では、債務者区分や企業格付けを重視する審査が中心になり、これに抵抗するワンマン経営者はほとんどいなくなったように、金融検査マニュアル廃止の数年後には、このエリア審査における、SDGsや「まち・ひと・しごと創生総合戦略」のヒアリングが一般化して、高齢のワンマン経営者と言えども、このエリア審査への抵抗も少なくなると思います。

② 融資を受けていない中小企業へのSDGsの考え方の導入

金融機関から借入れのない無借金経営の企業については、その経営者はSDGsについて興味を持たないかもしれません。

この場合において、このワンマン経営者にモノ申せるのは、地域団体のリーダーや業界団体の会長、または元請け企業の幹部、出身高校や中学の尊敬する先輩かもしれません。ただし、彼らは、必ずしもSDGsの考え方を持っているとは限りませんし、それぞれの人材の個性にもバラツキがありますから、決定打にはなりません。

とは言いながら、日本の少子高齢化、東京への一極集中化においては、「SDGsの考え方による地域一体となる地方創生の動き」しか、抜本的な解決策は見当たらないかもしれません。そこで、多くのワンマン経営者にSDGsの考えを理解してもらうには、外部の社会と接触している企業内部の役職員の意思を伝える話し合いの場が必要であり、やはり、個々の企業においては、この情報交換の場は取締役会であると思います。

会社法では、取締役会の上位には株主総会がありますが、中小企業ではワンマン経営者が圧倒的な筆頭株主になっていることが多く、発言はこの経営者に集中しています。しかし、取締役会は、所有株式数ではなく取締役メンバーの多数決で意思決定を行うことができますし、理論的にも、個々の取締役が自分の意思を反映できるルールになっています。

それぞれの中小企業に適した内部統制の導入、または取締役会の運営や情報開示の機能の正当化が、これからの中小企業の健全性と発展性の切り

札になると思います。個々の取締役も長期的な視野に基づいて、自分の意見を述べる時代になっており、時に、SDGsについては、取締役の誰かが、社会の常識を毅然とワンマン経営者に発言することが大切であると思います。しかし、日産自動車の幹部が、カルロス・ゴーン元社長に発言ができなかったように、「言うは易く、行うは難し」かもしれません。

　実際には、地域団体などのリーダーなどから、その経営者にSDGsの考え方を勧奨し、理解してもらうことがこの経営者にSDGsの重要性を分かってもらうには近道かもしれません。そして、その説得に呼応して、他の取締役などがSDGsについて、再度、述べることに効果があるかもしれません。とにかく、排他主義と自己中心性と自己拡大性に固まってしまった高齢のワンマン経営者に対しては、TPO（時間、場所、場合）を意識しながら、徐々に説得することが大切だと思います。

③ ワンマン経営者への当面のSDGsの説得法

　そのためには、中小企業経営者が最も興味を持っている「経営者保証の解除」と「企業の後継者の選定と育成」に絡めて、SDGsの考え方について、ワンマン経営者に説得することが一策と思います。

　ワンマン経営者に対しては、「会社は自分のものではなく、自分は会社によって支えられており、会社は自立しなければならない」ということを認識してもらうことです。自分は、「会社から給与所得や各種経費などで節税のメリットを受けており、会社によってステータス（社会的地位）や良きコミュニティの恩恵を受けていること」を認識し、会社自身から受けているメリットのことを分かり、協力してもらうことです。

　そのためには、会社自身に自立してもらい、独立してもらうことであり、内部統制を導入することです。内部統制とは、抽象論で認識しづらいものですが、中小企業の場合は、今や、上場会社の憲法のように扱われているコーポレートガバナンス・コードから「株主」の項目を除いた、「ステークホルダー（利害関係人）、情報開示、取締役会、対話」の4点への配慮がポイントになると言えます。

　この経営者が、この4点を重視すれば、会社としての自立性や独立性が
金融機関などから理解され、「経営者保証の解除」は達成されやすくなりま
す。具体的には、3か月に一度、中小企業の取締役会議事録を、経営者保
証を差し入れている金融機関に提出すれば、この議事録提出から、6か月
（2回）程度経過したならば、おそらく、金融機関は会社と経営者の独立性
を認めて経営者保証を解除してくれることになると思います。

　一般の金融機関ならば、取締役会議事録を通して、その企業の内部組織
や情報開示の状況を把握することができると思います。また、その議事録
や内部組織に関する対話の中から、ステークホルダー（利害関係人）との
関係や取締役会の状況も把握することができるようになります。このよう
に内部統制が整うことになれば、そのステークホルダーの状況や取締役会
での質疑、情報開示からの反応によって、ワンマン経営者であっても
SDGsの重要性について、気づかされることになると思います。

　金融機関への経営者保証ガイドラインにおける解除条件では、「法人と
個人が明確に分離されている場合などに、経営者の個人保証を求めないこ
と」となっていますが、このように内部統制が整備され、取締役会議事録
を金融機関へ提出しているならば、「法人と個人の分離が明確である」こと
から、保証解除も可能になると思われます。

　また、このように内部統制が整い、取締役会が正常に運営されるならば、
ワンマン経営者の後継者が取締役会に参加し、従来ワンマン経営者が決定
していた決裁事項に対して、その取締役会で根拠や理由が明らかになり、
記録も残ります。その決裁事項やモニタリングは、取締役会での報告に加
えて各取締役が発言したり、情報交換してくれます。内部統制についても、
取締役全員でフォローし、ワンマン経営者（代表取締役）の解任も選任も
取締役会で決定することができるようになります。このように、内部統制
が浸透し、取締役会や情報開示が定着できれば、後継者に指名された人材
としても、自分が代表取締役に指名され、実際にその業務を行うことにな
っても、意思決定やモニタリング、内部統制などの業務に不安が少なくな
ります。当然ながら、ステークホルダーなどの立場を重視した、SDGsの

運用も円滑に行われるものとなります。

　ここまで読んでいただくと、「なぜ、ワンマン経営者にSDGsの必要性を、直接伝えず、内部統制や取締役会の運用までの回り道をするのか？」という疑問が出ると思われます。実は、これは私が今まで中小企業のコンサルタントを長く続けてきたことから学んだ経験から出した結論です。
　日本の中小企業は、会社法第362条（取締役会の権限等、143ページ参照）をしっかり遵守している企業はほとんどなく、経営者は、社内の役職員の発言はほとんど聞かず、自分の認識する利益や損失防止策しか、行動を起こさないようです。取締役会も形式的で、経営者自身の意思決定に対する助言・相談程度の場としか認識していないようです。したがって、SDGsについては、自分が信頼できる人材や発言力のある金融機関の幹部の方々の言うことしか聞かず、それが高齢者になれば、ほとんど他人の意見も聞かなくなってしまいます。まして、SDGsのような案件は、短期間には結論が出ず、長期的にしか結果は出ませんから、なかなか首を縦に振りません。振ったとしても、個々の企業においては、実行までにはかなりの長時間がかかるものです。むしろ、時間がかかっても意思決定は取締役会に委ねるということを徹底する方が、SDGsについては、早道であるように思われます。

　ちなみに、最近の新型コロナウイルスの感染防止のため、政府が推奨する「テレワーク化」の導入で、考え方を変える中小企業の経営者が増えているようです。テレワーク化は、大企業では容易に導入できますが、中小企業においては、なかなかできないようです。
　テレワークは、普段の仕事の内容や事務プロセスを、判断業務と事務作業に分けて、その事務作業部分をパソコン業務やネット通信業務に落とし込んで初めてスタートできるのです。中小企業は、企業内部の仕事内容を分析して明確に分業化を図っていない先が多いのですが、大企業の大半は、取締役会を中心にして、企業内部の事務組織や体制を明確に分けており、

営業・製造・人事・総務・管理などの各部門で、判断業務と事務業務に分け、それぞれの部門で、「職務分掌」も確立しています。各部門の業務の分量や質によって、個々の担当者の職務ごとの役割が整理・配分されており、データ管理や課題が明確になっています。その業務に関するデータは、サーバーやパソコンの中に入っており、新しい情報も追加・修正されますので、情報管理やハッカー対策などを行えば、社員の自宅で簡単にテレワークを行うことができるようになっているのです。

　この実態を見て、多くの中小企業は、自社も、企業内部の事務組織や体制を明確にして、今後の感染症対策として、早期に、テレワークの導入も検討しているようです。同時に、取締役会の活性化も、併せ考えるようになりつつあるようです。

6 章

金融検査マニュアル
廃止後の金融機関
ビジネスモデルと
SDGs金融

1 ビジネスモデルの3体系8事例

　金融検査マニュアルによる債務者区分重視の融資判断から、その廃止によって、事業性評価重視の融資判断が加わり、融資の判断範囲が広がり、柔軟化すると見られています。

　すなわち、企業の直近の決算書をスコアリングシートによって算定する債務者区分の格付け重視の融資から、資金ニーズが明確になれば融資が可能になる「時間ギャップ充当融資」と、企業の将来のキャッシュフローによる「収益償還融資」を合わせた「事業性評価融資」へと、融資の対象が広がり、柔軟化されことになります。その上に、エリア審査のウエイト拡大により、「SDGs」や「まち・ひと・しごと創生総合戦略」によっても融資の範囲が広がり、多くの融資案件が、金融機関の融資審査を通過しやすくなると見られています。金融機関内部の格付け審査や引当重視から、取引先の事業内容を重視する方向にビジネスモデルも変更することになると思われます。

　特に、これらのエリア審査においては、各金融機関の経営理念に沿っているならば、引当金の積上げ金額の軽減化も可能になりましたので、地域金融機関の経営理念についても、よく考慮する必要が出て来ました。とは言うものの、ほとんどの地域金融機関の経営理念は、地方創生であり地域活性化であることから、「SDGs」や「まち・ひと・しごと創方総合戦略」と重なるものとなっています。

　このように、融資範囲が広がり柔軟化されることで、金融庁検査は金融機関の経営理念や「実質・未来・全体」の視点を重視する融資のビジネスモデルを評価することに変わり、「最低基準検証」「動的な監督」「探究型対話」の金融検査方針に沿って、検査を行うことになりました。すなわち、過去の決算書を部分的に評価し、形式的な格付けを通した金融機関内部の

　機械的、画一的な融資から、企業の未来の動きと実質的で全体的な事業活動を重視する取引先・顧客本位の融資の検査をすることになりました。個々の審査プロセスの対応を検査するということではなく、企業の経営理念をベースにした顧客本位のビジネスモデルを評価しながら、金融機関と対話を重ねる視野を広げた検査方式に変化することになっています。

　具体的には、顧客本位を重視し、SDGsや「まち・ひと・しごと創生総合戦略」に沿った方向で、「取引先のライフステージに沿ったコンサルティング」や内部統制へのアドバイスを行うような、顧客・取引先の経営革新に通じるビジネスモデルの策定が見込まれています。また、顧客の利便性を重視しながら、より柔軟な判断で融資を受けやすくするような、今までの金融機関の仕組みを変更するビジネスモデルの策定もあると思われます。さらに、金融機関以外の中小企業の顧客に寄り添う税理士などの外部機関との連携を重視したビジネスモデルの策定も考えられています。

　金融機関としては、顧客の融資の案件に対して、柔軟に効果的にアプローチできるようなビジネスモデルの策定をするものと思われます。当然ながら、地域金融機関については、地域の創生や活性化のために、SDGsや「まち・ひと・しごと創生総合戦略」に沿った経営理念を、すべての役職員に徹底して、金融機関の収益源になり顧客本位の融資の拡大に繋がるビジネスモデルを策定するものと思われます。その事例として、以下の3分野で8項目のビジネスモデル例を策定してみましたので、参考にしていただきたいと思います。

➡ ビジネスモデルの3体系8事例

1）取引先への経営革新の提案	①取引先の内部管理アップ支援モデル……P.143 ②ライフステージ・ソリューションの利活用モデル……P.147 ③メイン銀行化推進モデル……P.151
2）取引先の利便性のための 　金融機関の内部体制・ 　考え方の変更の提案	④取引先の事業性評価（資金ニーズ発掘・対応）モデル 　……P.156 ⑤金融機関の統廃合における顧客利便性（フィデューシャ 　リー・デューティー）アップモデル　……P.162 ⑥融資意思決定の短縮化によるモデル……P.167
3）金融機関と外部機関 　（税理士等）の連携による 　取引先利便性の提案	⑦税理士・公認会計士と金融機関営業現場との連携モデル 　……P.180 ⑧税理士団体と地域金融機関グループの融資残高アップの 　モデル……P.190

2 取引先への経営革新の提案

1）取引先の内部管理アップ支援モデル

取引先の内部管理アップ支援モデル 〉 情報開示について

> 1）上場企業や大企業に対する「コーポレートガバナンス・コード」遵守が徹底されたことから、中小企業についても以下の枠に示す会社法における取締役会（362条）の運営や内部統制の細則（会社法施行規則100条）を励行することが金融機関でも注目されるようになっている。

会社法‥‥‥‥‥‥‥‥‥‥取締役会設置会社

第 362 条

① 取締役会は、すべての取締役で組織する。

② 取締役会は、次に掲げる職務を行う。

> 一　取締役会設置会社の業務執行の決定
> 二　取締役の職務の執行の監督
> 三　代表取締役の選定及び解職

③ 取締役会は、取締役の中から代表取締役を選定しなければならない。

④ 取締役会は、次に掲げる事項その他の重要な業務執行の決定を取締役に委任することができない。

> 六　取締役の職務の執行が法令及び定款に適合することを確保するための体制その他株式会社の業務並びに当該株式会社及びその子会社から成る企業集団の業務の適正を確保するために必要なものとして法務省令で定める体制の整備

会社法施行規則第 100 条‥‥‥‥‥‥内部統制

1．法第 362 条第 4 項第 6 号に規定する法務省令で定める体制は、当該株式会社における次に掲げる体制とする。

> 一　当該株式会社の取締役の職務の執行に係る情報の保存及び管理に関する体制

2）金融機関としても、取引先企業の内部統制（取締役会、情報開示など）について、
　　助言・相談・指導が求められ、内部統制が完備できている企業に対する金融支
　　援が、新しいビジネスモデルになってきている。
3）このビジネスモデルが広がることになれば、現在喫緊の課題になっている「事
　　業承継者発掘」や「経営者保証の解除」も円滑に行われるものと思われる。
4）また、借入れの新手法（短期継続融資・資本制借入金・ABL融資）導入の前提条件
　　になっている内部統制も確立でき、各企業にスムーズに適用することができる。
5）ただし、金融機関担当者への顧客企業内部で役に立つ会社法や内部統制など
　　の教育研修が必要になる。

① ポイント

　　内部管理のポイントは、「1）日本版SOX法、2）コーポレートガバナン
ス・コード」とみなされていますが、日本においては、上記の会社法第
362条が、中小企業を含めて、内部統制の網羅的な位置づけになっていま
す。この「1）日本版SOX法、2）コーポレートガバナンス・コード」は、
抽象的な内容になっていますが、共通項目に絞り込んで見ると、「取締役
会」と「情報開示」ということです。

　　日本版SOX法の「内部統制の基本的要素」の「情報と伝達」以外は、「取
締役会」の条項に集約でき、コーポレートガバナンス・コードの5原則の
中には、情報開示と取締役会の2原則が柱になっています。そして、取締
役会と監査役がいる中小企業としても遵守しなければならない会社法には、
その第362条に取締役会の詳細が述べられており、その内容は、日本版
SOX法の「内部統制の基本的要素」を包含しています。

　　それに加えて、目下、「SDGs」と「まち・ひと・しごと創生総合戦略」
が地域金融機関として重視しなければならないことになっています。これ

144

は、代表取締役が一人で遵守すればよいものではなく、中小企業の幹部全員、すなわちすべての取締役が共有しなければならず、地域の他の機関とも連携を組まなければなりません。やはり、コーポレートガバナンス・コードの適用からはずれている中小企業と言えども、取締役会の役割とそこでの決議などの内容を情報開示することは、今後の必須事項になります。

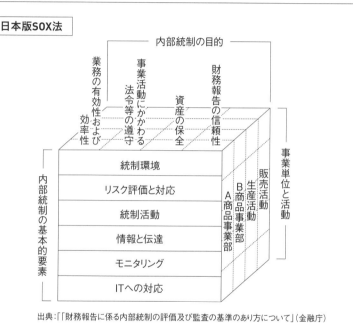

出典:「「財務報告に係る内部統制の評価及び監査の基準のあり方について」(金融庁)

コーポレートガバナンス・コード

1. 株主の権利・平等性の確保
2. 株主以外のステークホルダーとの適切な協働
3. 適切な情報開示と透明性の確保
4. 取締役会等の責務
5. 株主との対話

② SDGsとの関わり

　内部統制・内部管理アップ支援モデルは、「SDGs」の17目標のうち、主に次の6つの目標と関わり、それらの目標のベースになる基本体制の構築になるものと思われます。

4.	質の高い教育をみんなに
8.	働きがいも経済成長も
9.	産業と技術革新の基盤をつくろう
10.	人や国の不平等をなくそう
11.	住み続けられるまちづくりを
12.	つくる責任 つかう責任

③ ビジネスモデルによる金融機関の融資増加と収益貢献

　このような内部統制・内部管理が出来上がった中小企業に対しては、新しい融資商品や与信サービスを受けることができるようになり、「短期継続融資・ABL融資・資本性貸出金」や「経営者保証の解除」などの適用が可能になると思われます。

　特に、「経営者保証の解除」については、中小企業庁の「経営者保証に関するガイドライン」では、「①法人と経営者の資産・経理が明確に区分されている。②法人のみの資産・収益力で借金返済が可能と判断し得る。③法人から適時・適切に財務情報等が提供されている。」が、保証解除の条件になっていますが、この内部統制（取締役会の運用で）によって、「①法人と経営者の資産・経理が明確に区分されている。」という条件を満たすことになって、保証解除が可能になると思われます。その折に、3か月に1回の取締役会議事録を金融機関に提出することが加われば、その経営者保証の解除はより近道になると思われます。

④ 今後の展望

　ワンマン経営者と従順的な取締役に対して、会社法第362条の取締役会を、新たに導入することは難しいことに思われますが、取締役会の手順を

明確にすれば導入は容易になります。それぞれの取締役に対して、あらかじめ決めた各担当部門のデータの「報告」をしてもらい、決議案件については、担当取締役がペーパーにまとめて提出し、その中で重要案件については、別途設定する「協議」時間に話し合うか、後日の「報告」事項に組み込むことができれば、取締役会は整斉と行われると思います。

　取締役会については、「報告」「決議」「協議」を順序よく行うことが、現実的な手順と言えます。すなわち、代表取締役が議長を務める取締役会では、会社法第362条の項目である「業務執行の決定」「執行の監督（モニタリング）」「代表取締役の選定・解職」と「内部統制」について、各取締役が「報告」「決議」「協議」して整斉と発表することが、会社の意思決定機関である取締役の基本になると思います。

2）ライフステージ・ソリューションの利活用モデル

ライフステージ・ソリューションの利活用モデル	情報提供と転・廃業について

1）金融機関に対して、企業は、ライフステージに沿った助言・相談・指導を期待しているし、金融機関主導で、地域の団体などと連携を組んで、営業面の支援や自社のネットワークの拡充に関する情報提供も望んでいる。

2）情報提供では、RESAS（地域経済分析システム）、経済センサス、「まち・ひと・しごと創生総合戦略」などの公共情報も、各金融機関がカスタマイズして提供することが望まれる。

3）金融庁も監督指針で、創業期・成長期・成熟期・衰退期ごとのソリューションを提示し、各金融機関は、創業期・成長期・成熟期では、ビジネスマッチング・情報提供機能を主サービスとする。

4）衰退期については、再生支援ではリスケや経営改善計画の策定支援、事業承継・M&A支援では内部統制や引継ぎ企業の紹介、転業支援ではスクラップ＆ビルドや経営者へのスキル指導、廃業支援では経営者及び経営者親族などの生活相談等を行っている。

5）これらの情報サービスにより、資金ニーズが顕在化し、融資の申込みも増加が見込まれる。

6）実例として、金融機関連携や情報共有により合体したビジネスマッチング・フェアを開催したり、事業承継・M&A支援・転業支援については、自公庫相談後に各業務の専門家紹介なども行っている。

① **ポイント**

　地域金融機関にとって、取引先企業のライフステージに沿ったアドバイスやコンサルティングが期待され、金融庁も金融機関に向けた監督指針において、40〜41ページの表のようなソリューションを提示しています。地域全体の対策としては、「SDGs」「まち・ひと・しごと創生総合戦略」などで、行政機関や各機関の連携施策を提案しています。

　特に、このライフステージについては、衰退期また成熟期において以下のような整理ができます。縦軸は、経営者の意欲度であり、横軸はその企業の成長力を表します。この各象限を見れば、対策が浮き彫りにされます。

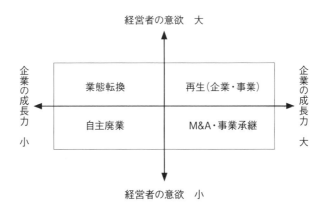

　なお、地域戦略も、このライフステージによって、施策の適用を大雑把に決めています。

　金融等による「地域企業応援パッケージ」の概要（54ページの図）を参照してください。

② SDGsとの関わり

9.1	全ての人々に安価で公平なアクセスに重点を置いた経済発展と人間の福祉を支援するために、地域・越境インフラを含む質の高い、信頼でき、持続可能かつ強靱（レジリエント）なインフラを開発する。
9.2	包摂的かつ持続可能な産業化を促進し、2030年までに各国の状況に応じて雇用及びGDPに占める産業セクターの割合を大幅に増加させる。後発開発途上国については同割合を倍増させる。
9.3	特に開発途上国における小規模の製造業その他の企業の、安価な資金貸付などの金融サービスやバリューチェーン及び市場への統合へのアクセスを拡大する。
9.5	2030年までにイノベーションを促進させることや100万人当たりの研究開発従事者数を大幅に増加させ、また官民研究開発の支出を拡大させるなど、開発途上国をはじめとする全ての国々の産業セクターにおける科学研究を促進し、技術能力を向上させる。

　SDGsの本質は、17の目標や169のターゲットが相互に関連しており、それらを包括的に解決することが本当の意味での解決に向かうこととされています。ここでも、「目標9　産業と技術革新の基盤をつくろう」と「その9の中の4つのターゲット」はこのモデルの包括的解決策と考えました。

　企業のライフステージ・ソリューション・モデルについては、そのライフステージに沿って、インフラ開発、包摂的かつ持続可能な産業化、バリューチェーン・統合アクセス、技術能力の向上を図ることを目指すことで、SDGsに貢献することになります。

③ ビジネスモデルによる金融機関の融資増加と収益貢献

　このライフステージにおける「創業・起業期、成長期、成熟期」は、中長期計画では、将来ともに当期利益は黒字化されており、短期間融資は、そのほとんどがこの資金使途に使われた資金還流分で回収が可能です。すなわち、仕入資金融資は、在庫を経由して販売され、その売掛金の回収で、当初の仕入資金融資の返済は確実に行われるということです。「創業・起業期、成長期、成熟期」は将来、返済財源を侵略する赤字に資金が流用されることはないということです。したがって、このライフステージに対しては、卸小売業ならば、仕入資金融資、建設業ならば、短期間の工事立替え資金の融資はリスクの少ない融資ということになります。

一方、「衰退期」の仕入資金融資や短期工事融資は、返済財源が赤字補填資金に流用される可能性が大きくなるということになります。そのため、この融資の返済財源は、中長期計画で将来に当期利益が黒字化されることの確認が必要になるのです。一時的に赤字になっても、将来の黒字で返済してもらえれば、問題がないからです。または、不要不急資産を売却して、その現金化で返済してもらうこと、すなわち担保物件等の処分をすることで、返済してもらえれば、返済が可能になります。そのために、衰退期でも融資は可能ですが、この資金使途による還流資金が赤字補填に使われたとしても、返済が可能であるという見通しが必要になるのです。

　このライフステージにおける「創業・起業期、成長期、成熟期」の企業に対しては、その企業が短期間に収益を上げることができる仕入資金や、短期の工事立替え資金への融資は、リスクが小さいままに積極的に融資ができ、利息収入を上げることができますし、「衰退期」の企業には、赤字によって返済財源が少なくなったとしても、収益償還や不要不急資産の売却で返済ができる見込みがあれば、融資は可能になり、利息収入を上げることができるということです。

　また、長期的に売上や収益が見込まれるならば、同じ考え方で、長期の設備資金融資や長期運転資金融資の支援も、可能になりますが、そのような長期間、ライフステージが下位にランクダウンしないかの見極めが必要になりますし、下位にランクダウンした場合の金融機関としての対策案も、考えておかなければならないことにもなります。

④ 今後の展望

　短期間の融資ならば、企業のライフステージが大きく変わることもありませんが、長期間には、ライフステージが変わるかもしれません。長期間の企業のライフステージの見通しについては、その企業の経営改善計画の吟味が必要ですし、RESASや経済センサスなどの地域データベース、また、その企業の属する業界や周辺業界のデータにて、将来やその企業の関連情報を吟味しておく必要があります。そのほかに、地域金融機関自身の

経営理念の確認も必要になります。現在の「SDGs」や「まち・ひと・しごと創生総合戦略」によって、経営理念も変化する可能性があるからです。もしも、対象企業が、衰退期でなかなか将来のキャッシュフローが見込めないとしても、金融機関の経営理念によって支援を続けることもあるからです。

3）メイン銀行化推進モデル

メイン銀行化推進モデル	メイン銀行がなくなったことについて

1）金融検査マニュアルが公表されるにあたり、今後はメイン銀行が少なくなるとの予想があった。自己査定によって引当金を厳格に積み上げることになれば、業績不振または低下が見込める企業のメイン銀行は、現在残高以上には融資を増やさないであろうということ。予想は的中し、中小企業はメイン銀行ではなく、他の複数の金融機関から融資を受けることが多くなった。
2）複数行取引となれば、借り手企業の資金調達時や毎月の業況説明に負担がかさむほかに、1 対 1 を原則とするコンサルティングが受けづらく、再生支援も円滑に進まないという問題点があった。
3）このようなことから、企業としては、金融機関のメイン化施策によって、他行の借入れを肩代わり、名実ともにメイン化してもらうことはメリットが大きくなっている。金融機関としても、コンサルティングや対話を円滑に行うことができ、効果的な融資を増加させることができる。
4）メイン銀行になり、取引金融機関が減少すればリスク分散は図りづらくなるが、融資残高は増加する。取引先に対する情報管理や信頼度は高まり対話も多くなって、非財務情報も入手しやすくなり、資金ニーズも融資に結び付くケースが増える。

① ポイント

かつて、金融機関は、戦後復興期の融資枠が少ないときには、企業の資金ニーズを一つの金融機関の枠で賄うことができず、共同で融資枠を用意しました。この時のリーダー格の金融機関をメイン銀行と言い、企業の資金調達の支援をしました。

その後、メイン銀行が企業に資金支援をせず、資金不足で倒産に陥るこ

ともありました。この倒産は、企業本位ではなく金融機関本位ということで、メイン銀行の責任であるとの非難が広がりました。

　バブルが崩壊し、金融機関が不良債権を多く抱えるようになって、金融機関も背に腹は代えられずということで、中小企業に厳しい対応を行い、貸し渋り・貸し剥がしの批判を受けるようになりました。金融検査マニュアルの厳格な運用によって、メイン金融機関が、業績不振先に対して「我先に」というスタンスで融資資金の回収に動くようにもなりました。また、メイン銀行が協融金融機関に対して、リーダーシップをとって、貸出条件緩和もしなくなったことにもより、中小企業が自己防衛のため取引行の数を増やすようになりました。一方、取引先に対して強い交渉力のある「メイン金融機関」は，金融検査マニュアルの融資条件や引当条件を自行庫に有利になるように動いて、他行よりも自行庫が有利になるように担保の設定を行うようになってきました。

　それ以前は、金融機関はメイン銀行として、原則、企業を支えましたが、金融検査マニュアルが公表された1999年頃以降は、地元の中小企業をメイン銀行が必ずしも支えないケースも多くなってきました。そこで、弁護士会などは、金融機関の中小企業への支援姿勢を評価して金融業界を独占禁止法の除外業種としていましたが、この対応をやめて、独占禁止法の適用業種にするようになりました。

　金融検査マニュアル公表前ならば、メイン金融機関は、協融金融機関に対し取引先のために貸出条件緩和を調整していくものでしたが、金融機関に対する独占禁止法の制約（金融検査マニュアルにも記載されている）のため、その各金融機関同士の調整が、実際にはできなくなっていました。

　その後、景気は持ち直し、倒産も少なくなりますと、既存取引先に対して、金融機関の態度も寛大で柔軟になってきました。金融円滑化法の浸透によってか、金融機関の返済猶予や中小企業に対する柔軟な対応が広がり、金融機関は中小企業を支援して、倒産の引き金を引くことはほとんどなくなるようになりました。金融検査マニュアル公表後、約20年が経過した最近では、独占禁止法を理由にした弁護士会の訴えも少なくなり、つれて、

独占禁止法の対応もまた柔軟になるようになりました。

　同時に、メイン銀行の中小企業に対する対応も、柔軟になってきました。ということで、メイン銀行がまた復活するようになりました。

② Sdgsとの関わり

17.1	課税及び徴税能力の向上のため、開発途上国への国際的な支援なども通じて、国内資源の動員を強化する。
17.13	政策協調や政策の首尾一貫性などを通じて、世界的なマクロ経済の安定を促進する。
17.14	持続可能な開発のための政策の一貫性を強化する。
17.16	全ての国々、特に開発途上国での持続可能な開発目標の達成を支援すべく、知識、専門的知見、技術及び資金源を動員、共有するマルチステークホルダー・パートナーシップによって補完しつつ、持続可能な開発のためのグローバル・パートナーシップを強化する。
17.17	さまざまなパートナーシップの経験や資源戦略を基にした、効果的な公的、官民、市民社会のパートナーシップを奨励・推進する。

　メイン銀行化は、中小企業と金融機関の連携であり、地域における最も強い実績のあるパートナーシップと言えます。メイン銀行は、融資順位第1位の金融機関と取引先企業の間の連携として捉えることにすれば、パートナーとみなすことができます。この「17　パートナーシップで目標を達成しよう」という目標は、国際的な視野でのパートナーシップの表現になっていますが、地域的な見方としては、メイン銀行と取引先企業は、相互支援・相乗効果のパートナーでもあります。メイン銀行になる金融機関はこのパートナーシップの考え方を重視しながら、顧客企業に助言・相談・指導を行うことが大切です。

③ ビジネスモデルによる金融機関の融資増加と収益貢献

　中小企業の取引銀行の多さは、日本の特徴とも言えます。中小企業にとっては、ある銀行から融資を断られても別の銀行が支援してくれるという「安定的な資金調達パイプ」になりますが、同時に、融資の分散によるリスク分散になるとも言われていました。しかし、中小企業にとっても金融機

関にとっても複数行取引は非効率的であり、改善が求められています。融資条件の透明性やAI化が進めば、取引金融機関の数は少なくなると思われます。今後の金融機関のコンサルティング業務についても、コンサルの基本は「1対1」であること、融資申込みから実行までの時間短縮が求められていることから、取引銀行数の圧縮、メイン銀行化が進んでいくことが合理的であると思われます。

　金融機関にとって、中小企業の取引金融機関の圧縮は、1行あたりの融資残高が増加し、手数料収入増加のチャンスにもなります。また、取引銀行が多い場合は、それぞれの金融機関の動きが分からないことから、他行が返済を迫った場合の取引先の資金ショートのリスクや、逆に、他行の貸込み増加による肩代わりリスクも予想されます。

➡ 中小企業の取引金融機関数（企業規模別）

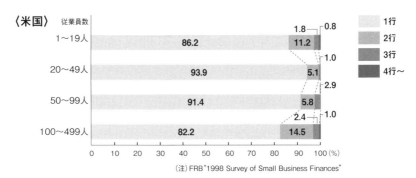

（注）FRB "1998 Survey of Small Business Finances"

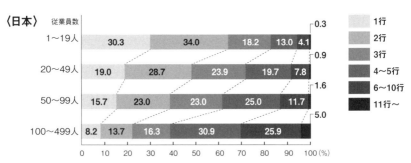

（注）FRB "1998 Survey of Small Business Finances"

④ 今後の展望

　中小企業への金融機関のコンサルティング活動が活発化すると、中小企業に対するそれぞれの金融機関のコンサル力の優劣が明らかになります。必然的に、コンサル力に優れた金融機関の評価は高くなり、金融機関数も絞り込まれることになります。中小企業にとっては、金融機関取引の効率化が進み、信頼できる金融機関が残って、メイン銀行化するケースが多くなります。

　金融機関としても、協調融資の下位金融機関ならば、取引メリットがないと判断して、取引辞退をすることも多くなると思われます。また、中小企業の資金調達力が増加し、一方、金融機関の企業審査力が高まれば、複数行取引のメリットが少なくなり、少数銀行取引やメイン銀行化が進んでいくものと思われます。

　同時に、金融機関の地域貢献度、SDGs 志向が強まれば、中小企業と金融機関の連携が深まり、企業の取引銀行数は減少することになると思います。

取引先の利便性のための金融機関の内部体制・考え方の変更の提案

1）取引先の事業性評価（資金ニーズ発掘・対応）モデル

取引先の事業性評価（資金ニーズ発掘・対応）モデル	銀行の借入れの変化について

1）今後は、個々の事業に関するキャッシュフローに沿った審査を重視することになる。企業の過去の決算書分析は、補完資料として検討することになる。
2）短期の「時間ギャップ充当借入れ」と長期の「時間ギャップ充当借入れ」の2つに分けた場合、また、基本的な資金使途（仕入れ・賞与・設備）と新手法（短期継続融資・資本性借入金・ABL融資）それから、収益償還融資（長期運転資金融資・資産売却繋ぎ融資）の3つに分類した金融機関融資のビジネスモデルが考えられる。
3）そのためには、企業が実際に営む事業の内容やその成長可能性を学ぶための教育研修を充実させたり、それぞれの資金ニーズを持つ企業を選び出すシステム手配、さらには、稟議手続きの改善なども準備する必要がある。

① ポイント

　どんなに債務者区分が高く、業績が好調の企業であろうとも、金融機関は、資金ニーズがなければ、融資を行うことはありませんし、資金ニーズを明確に金融機関に説明できなければ、やはり、借入れを受けることはできません。

　融資の形態は、金融機関の資金運用によって、短期と長期の「時間ギャップ充当融資」と「収益償還融資」があります。

　短期の「時間ギャップ充当融資」は、融資した資金が各企業の資金使途に使われた後に、1年以内に資金還流があって、当初の借入れの返済になる融資です。すなわち、資金還流が時間ギャップということであり、その期間が短期ということです。これには、仕入資金融資や、賞与資金融資、また短期継続融資があります。

　長期の「時間ギャップ充当融資」は、資金還流が長期間を要するもので

あり、時間ギャップが1年超ということです。これには、設備資金融資や長期運転資金融資、そして、資本性融資（借入金）があります。

ただし、資産を売却するまでの繋ぎ資金を融資する資産売却資金融資もありますが、これは、一般的には企業の不要不急資産を売却して、その売却資金を返済財源にします。売却予想期間が1年超の場合は、長期の「時間ギャップ充当融資」、1年未満の場合は短期の「時間ギャップ充当融資」ということになります。

さらに、この長期の「時間ギャップ充当融資」の資金還流を厳密に見るならば、設備資金融資は、「融資した資金が設備という資金使途に使われた後に、1年超で資金還流され、当初の借入れの返済になる融資」です。長期運転資金は、「経営改善計画の将来の当期利益を中心にしたキャッシュフローによって返済する融資」であり、資本性融資は、「返済を意識しない投資・出資的な融資で、金利は配当のように業績が好調の時は高く、業績が悪い時はゼロ（無配）になる融資」ですが、返済も金利も金融機関が柔軟に対応しています。

すなわち、見方を変えれば、融資は「時間ギャップ充当融資」と「収益償還融資」の2本立てで、前者が、「仕入資金融資、賞与資金融資、短期継続融資、設備資金融資」であり、後者が「長期運転資金融資、資本性融資」ということになります。

実は、金融機関の融資担当者が、取引先企業の経営者や財務担当者と話をする時、融資について、まず、「この融資を何に使うのですか。」と資金使途を聞いて、次に「どんな資金で返済するのですか。」と聞き、その返済が、「時間ギャップ充当融資」「収益償還融資」のどちらかであることを、取引先企業から聞き出すことにすれば、円滑な対話ができることになります。

従来はこのヒアリングは金融機関担当者の融資スキルに含まれていましたが、このビジネスモデルは「仕入資金融資、賞与資金融資……」という資金使途を明確にしてもらい、顧客・取引先と対話をして、金融機関がスムーズに資金提供を行うものです。

【時間ギャップ充当融資】

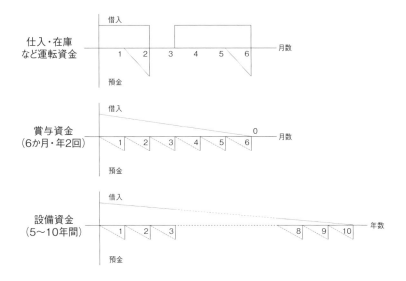

　なお、短期継続融資は、「仕入・在庫など運転資金」の図において、融資の２か月目の返済と３か月目の実行が同時に行われたものと、解釈できます。

【収益償還融資】

　長期運転資金融資と資本性融資は、以下の「経営改善計画書」の当期利益を返済財源にします。この当期利益は、手元に残るキャッシュであり、返済財源になります。さらに言うならば、販売管理費の下段の「（内減価償却費）」も手元に残るキャッシュで返済財源になります。当期利益とこの減価償却費を合算して、キャッシュフローと言ったり、返済財源と言うこともあります。

単位：百万円

	X0年3月期		X1年3月期		X2年3月期		X3年3月期	
	金額	構成比	金額	構成比	金額	構成比	金額	構成比
売上高	7,800	100%	7,800	100%	7,850	100%	7,900	100%
売上原価	5,400	69.23%	5,382	69.00%	5,417	69.00%	5,451	69.00%
売上総利益	2,400	30.77%	2,418	31.00%	2,434	31.00%	2,449	31.00%
販売管理費	2,300	29.49%	2,250	28.85%	2,200	28.03%	2,250	28.48%
（内減価償却費）	200	2.56%	180	2.31%	160	2.04%	140	1.77%
営業利益	100	1.28%	168	2.15%	234	2.97%	199	2.52%
営業外損益	80	1.03%	80	1.03%	80	1.02%	80	1.01%
経常利益	180	2.31%	248	3.18%	314	3.99%	279	3.53%
特別損益	0	0.00%		0.00%		0.00%		0.00%
税引前当期利益	180	2.31%	248	3.18%	314	3.99%	279	3.53%
法人税、住民税及び事業税	72	0.92%	99	1.27%	125	1.59%	112	1.42%
当期利益	108	1.38%	149	1.91%	109	2.40%	167	2.11%

② SDGsとの関わり

12.8	2030年までに、人々があらゆる場所において、持続可能な開発及び自然と調和したライフスタイルに関する情報と意識を持つようにする。
12.a	開発途上国に対し、より持続可能な消費・生産形態の促進のための科学的・技術的能力の強化を支援する。
12.b	雇用創出、地方の文化振興・産品販促につながる持続可能な観光業に対して持続可能な開発がもたらす影響を測定する手法を開発・導入する。

　融資する資金について、取引先と資金使途や返済原資の対話を行うことは、有効な資金活用・資金還流の示唆に繋がります。取引先の持続可能な開発やその消費・生産に関して、キャッシュフローで考えることは、従来のように企業の債務者区分で審査するよりも、はるかに融資の許容範囲を広げることになります。ここで見てきた事業性評価や資金ニーズ発掘・対応の手法が、融資サービスの範囲拡大に貢献します。SDGsの考え方を、キャッシュフローで見ることで、多くのSDGs目標に沿った行動に近づけることになりますし、その目標への相互関連や相乗効果にも役立つことに

なると思います。

③ ビジネスモデルによる金融機関の融資増加と収益貢献

　金融検査マニュアルの公表以来、直近の決算書・スコアリングシートによる債務者区分に沿った審査が行われましたので、決算期日と次の決算期日の間の１年間に起こる資金ニーズへの融資支援ができなくなっています。年に１回の決算期日に関わることのない短期の融資はなかなか取り上げられず、現在では、短期運転資金融資の減少が目立っています。

　特に、仕入資金融資や短期間の工事立替え融資、短期継続融資などは、取引先と仕入資金の内容や工事資材・人件費の内訳などの情報交換がなければ、返済の確実性が見つからないまま、実行できないものとなります。すなわち、これらの融資には、取引先と金融機関の間で資金使途や返済原資の対話が必須になります。

　逆に、メイン銀行と顧客との間で密な情報交換ができる関係があるならば、短期の運転資金融資は大きく伸びることになります。このように密な対話があるならば、さらに突っ込んで「いくつもの金融機関から借入れをしていないか？」「この資金ニーズの借入れ・返済のキャッシュフローが他の金融機関に入金された場合はいかに確認を取ったらよいか？」「この借入れは別の銀行の融資の肩代わり資金ではないだろうか？」などという疑心暗鬼の心配をすることもなくなります。中小企業サイドも、メイン銀行１行だけに融資の説明をすれば、即座に融資の可否の結論や問題点の指摘を受けられますから、交渉時間の短縮・節減になります。

　このような資金ニーズや融資関連の対話が、取引先と常日頃できるようになれば、取引先の実態をより正確に把握できるようになります。短期資金の金額と融資期間・返済方法が分かれば、その条件が、「直近の決算書と照らして矛盾はないか」などを吟味し、そのキャッシュフローをモニタリングすることで、取引先の実態を詳細に把握することもでき、さらに突っ込んでSDGsなどに貢献しているか否かもフォローできます。

　一方、長期の「時間ギャップ充当融資」について、設備資金融資の場合

は、その設備に関連するキャッシュフローや減価償却の推移を確かめながら、返済期日・返済方法を検討することで、企業における設備投資の実態把握ができるようになります。

「長期運転資金融資、資本性融資」の「収益償還融資」については、そのほとんどが、既存の融資のうち、返済財源が曖昧になったものや災害や取引先の倒産などで返済財源が消滅したものが多いので、この場合は、改めて将来のキャッシュフローを確認して返済財源を見通さなければなりません。多くは、経営改善計画の策定で、妥当な返済財源を見つけ出すことになります。

また、自社株購入やM&Aなどの借入れの返済なども、経営改善計画の策定で、融資金額や期間・返済方法を決定することになります。短期継続融資などの返済なしの資金ニーズは、売掛金や買掛金などの資金動態を十分見て、企業の営業活動の健全性も合わせフォローし、SDGsの動きも見ることができます。

すなわち、「事業性評価（取引先の資金ニーズ発掘・対応）モデル」のフォローを行うことで、その企業の事業性評価をより深める一方、金融機関としては、融資支援を円滑に行い、融資残高を積み上げて、金融機関の収益増加にも役立てます。取引先と金融機関の両者の行動によって、長期的にはSDGsにも貢献することになります。

④ 今後の展望

金融検査マニュアル公表後は、地方銀行でも信用金庫でも、すべての金融機関で短期融資残高の割合が低下しています。これは取引先と金融機関の対話の減少であり、自社のキャッシュフローまで何でも相談できるメイン銀行が少なくなったからとも言われています。

かつては、取引先中小企業は銀行を訪問し、「これから3か月間、資金が不足するのですが、支援していただけますか？」と相談すると、金融機関の担当者は、「資金繰り表と試算表を持って来てください。」と言う会話が頻繁に行われていました。取引先が、それらの資料を作成して持参する

と、その内容を見てから、少し質疑を行って、「今回の資金不足は、設備資金の調達不足ですね。」とか、「在庫が貯まり過ぎているから資金繰りが少し苦しいのですね。」とか、「売掛金の回収が遅れていますが、来月は順調に入金になりますか。」というように、その企業の資金ニーズを明確に指摘して、融資のアドバイスを行ってから、最適な融資金額や期間を決めていました。

今後、金融検査マニュアル廃止後に、メイン銀行化が進むようになると、資金ニーズを絡めたコンサルティングが活発に行われ、仕入資金や設備資金などの、「時間ギャップ充当融資」が増加してくるものと思われます。

また、各企業のバランスシートや損益計算書の各勘定科目やそのバランスを見ながら、安定資金割合や、現金比率、年間返済金額とキャッシュフローを見比べて、「収益償還融資」の提案があるかもしれません。時には、バランスシートにおける不要不急資産を吟味してから、売却の検討や現金回収までの資金支援などの提案があるかもしれません。

企業のライフステージに沿ったコンサルティングや、ビジネス・マッチング、また最近話題になっている情報銀行や地域商社に絡めたアドバイスも受けることができるかもしれません。同時に、金融機関から、企業の資金ニーズに沿って、短期融資を中心にした資金支援の提案が行われるかもしれません。

2）金融機関の統廃合における顧客利便性 　　（フィデューシャリー・デューティー）アップモデル

金融機関の統廃合における顧客利便性 （フィデューシャリー・デューティー）アップモデル	銀行の合併に対する 心構えについて

1）金融機関の合併・統合・再編については、従来の金融機関内部の事務まわりが円滑に行われることばかりに重点が置かれていたが、フィデューシャリー・デューティー（顧客本位の業務運営の原則：受託者責任）の視点で、取引先への効用や利便性の改善に注力するべきである。

> 2）地域全体の活性化や地域の各機関の連携強化にも貢献するべきで、システム開発としては、行内事務中心の勘定系システムだけでなく顧客情報を対象とする情報系システムのレベルアップも必要
> 3）従来は、金融検査マニュアルが与信管理の目線になっていたために、与信目線が引き上がる傾向にあったが、廃止後は、目線を下げることも必要。
> 4）各金融機関のネットワークの活用、ビジネスマッチングの活性化、情報銀行機能の拡大、行員の人材派遣の強化なども考えられ、融資や運用商品の拡大にも繋がる可能性が高まる。

① ポイント

　フィデューシャリー・デューティーとは、多くの人が投資信託の手数料のことと狭く解釈していましたが、最近では、「顧客保護⇒顧客本位⇒顧客利便性（の向上）」と、より広く、高いレベルに解釈されるようになっています。対象業務も「投資信託⇒金融商品⇒中小企業の融資業務」にまで広がっています。すなわち、フィデューシャリー・デューティーは、金融機関の商品・サービスなどにおいて、顧客・取引先の立場に立って、その利便性を引き上げる努力をしようというものになっています。

　少子高齢化や都市と地方の格差、さらには、低金利・ゼロ金利によって、地域金融機関の業績悪化で、個々の地域金融機関は、合併や統廃合が進んでいます。また、金融庁も、経営統合を支援するために、グループ銀行間で余った資金を自由に融通できるように規制緩和をしています。このように金融機関も財務内容や業況改善を目指して、金融庁の支援を受けながらも統廃合をしていますが、その動きにおいて、中小企業の融資に影響が及ぶことが危惧されています。

　金融機関の合併では、取引先の融資枠は統廃合で増額されることがないために、取引金融機関同士の合併があると2行合算の融資枠から1行のみの融資枠に減らされてしまうことがあります。また、融資の金利も高めの金利に収斂する傾向があり、融資期間も短い期間の方にまとめられる傾向があるようです。金融機関同士の統廃合においては、一般的には、収益の優位な金融機関や規模の大きい金融機関の方が、イニシアティブをとりますので、取引先企業の融資金額や融資条件は、強い金融機関のペースで決

定していくようです。

　金融機関の統廃合は金融機関の都合で推し進められますが、その流れの中で、取引先本位や取引先の利便性が引き下げられることが多々あるようです。金融機関の担当者も合併や統廃合の事務作業に忙殺され、あまりお客様に目が届かなくなるようです。まさに、このようなことこそ、フィデューシャリー・デューティーに反することです。金融機関は統廃合時において、金融機関同士の意地の張り合いや自行庫のしきたりの維持を主張する傾向にありますが、結果的に、顧客本位や顧客利便性に悪影響をもたらすことが生じてしまうようです。

　今までは、この合併・統廃合はそれほど多くなく特別な動きでしたが、今後はこの動きが頻繁になり、その周囲にいる取引先企業などに影響が及ぶことになると思われます。

② SDGsとの関わり

10.3	差別的な法律、政策及び慣行の撤廃、並びに適切な関連法規、政策、行動の促進などを通じて、機会均等を確保し、成果の不平等を是正する。
10.4	税制、賃金、社会保障政策をはじめとする政策を導入し、平等の拡大を漸進的に達成する。
10.5	世界金融市場と金融機関に対する規制とモニタリングを改善し、こうした規制の実施を強化する。

　フィデューシャリー・デューティーが徹底されない場合は、金融機関の顧客のあるべき姿に対して、顧客が不平等に扱われ、不利益を与えられることがあります。この不平等の是正が、フィデューシャリー・デューティーの注意点ということになります。大きな組織や社会的な優位者の場合、悪意はなくとも自分たちの行動に集中するあまり、周囲の関係者に迷惑をかけたり、サービスの低下を強いることがあります。

　最近では、組織内部の忖度が外部に迷惑をかけるケースが話題になっていますが、本来、組織とはその外部に対して、恩恵を与えるためにあるものです。フィデューシャリー・デューティーの延長線上にSDGsがあります。

③ ビジネスモデルによる金融機関の融資増加と収益貢献

　投資信託の顧客への販売手数料が高く、この販売に関わる金融機関が大きな収益を上げているとして、社会的な批判が起きました。このことは、受託者責任を果たさず、顧客本位に反するとして、フィデューシャリー・デューティーの重要性が、主に金融庁幹部から金融機関に忠告されました。このことは、金融機関の扱う多くの金融商品にも言え、中小企業への融資にも該当することにもなりました。その後、多くの金融商品に対して、是正されるようになりましたが、合併・統廃合などの異常時には、上記のようにフィデューシャリー・デューティーに反することが起こっています。

　本来、合併・統廃合は、金融機関内部の合理化・効率化によって収益の改善をして、金融機関の体質を強化し、地域の住民や企業へ貢献をするものです。金融仲介機能を行う金融機関の最終目的は、各金融機関の経営理念にも書かれている「地域住民や地域への貢献」のはずですが、ややもると、その経営理念へのプロセスの途中にある「金融機関の収益改善」ばかりに目が奪われてしまいます。合併・統廃合は、取引先の事業性評価や資金ニーズを発掘して融資を増加させ、地域経済を活性化し、SDGsにも役立ち、金融機関を健全化して金融仲介機能を円滑化することです。

　そのためには、金融機関の合併・統廃合で、合理化・効率化できる一方、顧客や地域の情報も多くなりますから、融資残高を増加させることもできるはずです。金融機関は、取引先企業に情報提供を行い、経営コンサルティングや資金活用のアドバイスを強化し、融資を増加することが、最終的な目標になると思います。ビジネス・マッチングや情報銀行・地域商社機能の発揮もできますし、創業支援や再生スキルも高まりますから、取引先の資金ニーズもアップするはずです。その時に、フィデューシャリー・デューティーに反して、顧客の融資条件の厳格化をすることは、本末転倒です。

　金融機関の合併・統廃合で、急に融資担当者の融資スキルは高まりません。ということで、与信リスク管理のために、顧客の融資枠を合併・統廃合以前の枠に抑え込んだり、融資金利を高金利に収斂させることは、金融機関の内部の論理です。このことは、顧客取引先の資金ニーズに水をかけ

ることになり、経営理念である地域貢献や地域活性化に逆行することになります。繰り返しますが、2つの金融機関が合併して、融資枠を不変にしたならば、顧客の融資枠は半分になってしまいます。地域の住民や企業は、合併・統廃合で、融資のパイプが太くなることを期待するものですが、これでは、反対の動きになってしまいます。

　このような、多くの悪事例を反省し、金融機関としては合併・統廃合においては、フィデューシャリー・デューティーの精神に戻って、融資を活発化し、金融仲介機能の発揮を行うべきです。顧客にとって、地元に強い金融機関が誕生することで、金融サービスが高まったと実感が持てるようにするべきです。この時に、金融仲介機能を低下させ、金融機関の内部が整う期間、地域の中小企業などへの資金供給を低下させることは、まさに、「地域金融機関は地元を捨ててしまった」と思い込まれることになってしまいます。金融機関の合併・統廃合で顧客情報や地域情報が増加し、与信リスク管理が高まることになりますので、逆に、融資残高の増加に注力するべきです。

④ 今後の展望

　金融機関の役職員にとっては、合併や統廃合は初めてであるケースが多いものですが、多くの中小企業や個人事業主の方々は、金融機関のサービスは合併や統廃合では良くならないことを承知しています。取引先企業に対しては、前もって、「何か不便になること」、「不都合になること」をヒアリングして、金融機関は準備することをお勧めします。「借入れ枠は減らないか」、「借入れ条件は悪化しないか」、「借入れ金利は引き上がらないか」などに注意して、対策を講じておく必要があります。

　金融検査マニュアル廃止後は、金融機関のフィデューシャリー・デューティーについては、再度、顧客本位になっているか、取引先への効用や利便性の改善に繋がっているかの視点で、見直すべきです。例えば、各金融機関の支店長の融資許容枠である裁量金額枠や融資期間の枠、適用金利の下限レートなどの見直しや柔軟対応手法の導入の検討が必要です。また、

各金融機関のシステム面では、金融機関内部のための「勘定系システム」ばかりではなく、顧客サービスに役立つ「情報系システム」のレベルアップも考慮するべきです。

そして、経営理念に地域貢献が入っている地域金融機関同士の合併や統廃合の場合は、地域の産学官金労言士との連携をいろいろなシミュレーションを行いながら、検討する必要があります。その際に、必ず、フィデューシャリー・デューティーの考え方や、SDGsの目標やターゲットを踏まえて、地域に貢献する中小企業融資の増強を図るべきです。さらには、合併・統廃合後の金融機関のホームページを、フィデューシャリー・デューティーの観点で見直し、サービスの低下にならないように注意し、融資の増加を図るべきです。

3）融資意思決定の短縮化によるモデル

融資意思決定の短縮化によるモデル	貸出承認のメカニズムについて

1）日本の金融機関の融資に対する最終意思決定は、本部の役員や審査部長であり、取引先企業と接する支店長や支店融資担当者には、限定された決定権限しかない。このために、顧客本位でスピーディな融資の意思決定がなされず、取引先企業の経営者や融資現場の支店長や支店担当者は、常にストレスを感じている。

2）これに対して、スウェーデンのスベンスカ・ハイデルスバンケン銀行の融資の意思決定は、ほとんど支店に任されている。「支店こそが銀行」という「分権化経営」のビジネスモデルになっており、本部の中間管理組織を削減し、意思決定は全国8つの地域統括部門と支店に委譲している。意思決定が、現場感覚で実行されるメリットがある。

3）今後の金融機関の融資に関する意思決定は、日本の現状の意思決定組織とスベンスカ・ハイデルスバンケンの中間的なものになっていくものと思われる。例えば、日本でも既に業者提携住宅ローンを扱うローンセンター・ローンプラザの意思決定短縮化の制度があるし、また、大企業融資を担当するメガバンクなどの営業本部などは「分権化経営」に近い意思決定を行っている。

4）中小企業経営者は即断即決に慣れており、稟議制度のような職位による階層をいくつも通過する意思決定には不満がある。意思決定責任の所在不明やスピードの遅さなど、中小企業の経営者には受け入れにくいものがある。

最近の中小企業経営者の中には、手元資金に余裕ができ、長時間を費やす
融資審査に我慢できず、スピード感のある審査しか受け付けない傾向があ
る。この融資意思決定は、融資残高アップのためにも必須となっている。
金融機関としても、このような稟議制度に対しては、人手がかかりすぎ、
効率化・合理化の観点からも課題になっている。また、最終意思決定者な
どには、融資現場や取引先の実態が把握しにくいデメリットがある。
5）そのためには、支店担当者や本部の中間管理職への研修、地域や業界への
事前調査機能の拡充、融資現場への決定権限の拡大などで、融資決定の簡
素化やスピード化を図り、中小企業の融資申込みの垣根を低くする必要が
ある。

① ポイント

ア. 銀行員は、中小企業の経営者のように、即断即決ができない

　経験豊富なベテランの銀行担当者の場合は、中小企業の持ち込む借入れ
実行や条件変更の案件に対して、本部・審査部が承認するか、または条件
付で承認されるかの見通しを持っていますが、一般的な担当者は、本部・
審査部のメンバーの考え方や動きがなかなか分かりません。経営者の要請
事項への即断即決もなかなか難しいものです。まして、金融機関は支店の
数や融資担当者の人数を減らしていますので、融資の決定権限は本部など
に集中し、中小企業と接する支店には、融資実行の承認ができる権限者が
少なくなっています。

　もともと、金融機関は、大企業であり大きな組織ですので、融資の決定
権限者が支店にはおらず、本部にいるのです。最近の人材リストラで、こ
の本部への権限集中化は進んで、多くの支店の担当者は中小企業の経営者
の質問や要請に対して、即断即決ができなくなってしまいました。金融機
関の「貸出案件の審査プロセス」は、次のように、階段状のプロセスにな
っています。審査の意思決定のプロセスは、いくつかの段階を経由してい
るのであり、中小企業経営者が普段行っている単独の意思決定というわけ
にはいきません。

イ. 金融機関内部の貸出案件決定フロー

　金融機関の組織における融資案件は、下位の階層から上位の階層に流れることになっています。支店の中では、担当者から支店長に、本部では、副審査役から審査部長に、さらには、取締役会や頭取・理事長に融資案件は意思決定階層を通過することになっています。一方、多くの中小企業では、ほとんどの案件が経営者に報告されると、経営者自身が単独で意思決定しています。

　銀行員は承認をとるために稟議書を書いて、何人もの人の承認階段を上ることになっています。このことは、46ページの稟議書フォームにおける最下段の押印欄を見れば、段階的な意思決定のプロセスを一覧することができます。

➡ 銀行・信用金庫・信用組合の組織のイメージと貸出案件の決定フロー

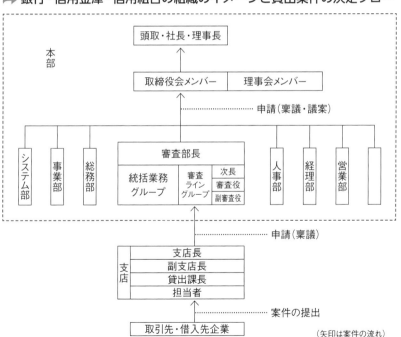

ウ. 稟議書は各金融機関とも同様な形式になっている

　このように、稟議書は多くの意思決定者の目を通過しなければなりませんから、一定の形式になっています。その共通項目は、貸出金に関するキャッシュフローの数項目の内容です。もちろん融資金額と金利は当然ですが、その他の共通項目は、資金使途・返済期日・返済方法です。その他にも、この稟議書には、いくつかの記載事項があります。その内容が既に述べた審査プロセスですが、この稟議書の限られた用紙では書けない詳細については「稟議書用紙ではない別紙」で説明され、金融機関の内部では添付されます。

　「企業審査」は、財務内容・損益状況・財務比率の項目であり、「事業審査」は、貸出種類から利率・返済期日・返済方法・資金使途・担保です。「担保・保証チェック」は、個々の貸出内容の引当欄に記入します。所見とは、上記の審査項目のポイントや補足説明を書きますが、リレーションシップバンキング（地域密着型金融）に関する「エリア審査」の項目もここに記入します。このエリア審査については、最近ではESGチェックやSDGsチェックが含まれるようになっています。

エ. 稟議書に添付される別紙の説明書類作成が今後の金融機関と借り手の課題

　フィンテックや人材リストラで、金融機関の融資担当者の数は減り続けていますが、取引先中小企業の数はそれほど減りません。むしろ、金融機関の合併や統廃合で一人の融資担当者の担当先数は、増加していくことになります。稟議書用紙の記載については、貸出金に関するキャッシュフローの数項目の内容ですが、他の項目の別紙説明は、今後は銀行の融資担当者の力だけではできなくなると思います。できないならば、金融機関は貸出ができず、困るかと言えば、金融機関は、既に大きな割り切りをしています。保証協会の申込用紙や各金融機関の定型ローン申込書類の提出がない場合は、その担当者は事務的に、淡々と、「融資はできません。」と言ってしまいます。また、決算書の提出もなければ「融資はできません。」と取

引先に答えています。

　一方、金融機関は、やはり、融資をしないと金融仲介機能の放棄になってしまいますし、収益源がなくなってしまいますので、融資は喉から手が出るほど欲しいのです。

　そこで、この両者の要請に応えることが、借り手企業自身による、融資稟議書の添付説明資料の作成ということになります。また、金融機関の担当者としては、その添付説明資料の徴求がポイントになります。しかし、この「添付説明資料」は、現在では、比較的容易に作成することができます。既に、「ローカルベンチマーク」や「中小企業庁のHP」に、それらの作成手法は示されており、また用紙も用意されていますので、これらを活用することをお勧めします。借り手自身が自力でこれらの資料の作成をすることに越したことはありませんが、とは言いながら、借り手が独力ではどうしても作成できないこともあると思います。その時は、借り手中小企業に寄り添う税理士や認定支援機関またはコンサルタントなどの支援を受けるのも一策かと思います。

➡ 【ローカルベンチマーク】(例)

財務分析結果シート

● 財務分析診断結果が表示され、6つの指標について業種平均との乖離を把握できます。

● 「印刷」ボタンを付加し、「財務分析結果」、「商流・業務フロー」、「4つの視点」の3シートを一括で印刷できます。

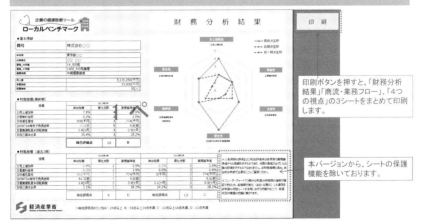

経済産業省
Ministry of Economy, Trade and Industry

| ローカルベンチマーク（通称：ロカベン）

会社が 病気に なる前に。

　ローカルベンチマークは、企業の経営状態の把握、いわゆる「健康診断」を行うツール（道具）として、企業の経営者等や金融機関・支援機関等が、企業の状態を把握し、双方が同じ目線で対話を行うための基本的な枠組みであり、事業性評価の「入口」として活用されることが期待されるものです。
　具体的には、「参考ツール」を活用して、「財務情報」（6つの指標※1）と「非財務情報」（4つの視点※2）に関する各データを入力することにより、企業の経営状態を把握することで経営状態の変化に早めに気付き、早期の対話や支援につなげていくものです。

（※1）6つの指標；①売上高増加率（売上持続性）、②営業利益率（収益性）、③労働生産性（生産性）、④EBITDA有利子負債倍率（健全性）、⑤営業運転資本回転期間（効率性）、⑥自己資本比率（安全性）
（※2）4つの視点；①経営者への着目、②関係者への着目、③事業への着目、④内部管理体制への着目

➡ 中小企業庁のHP

　上のホームページにおいて、中小企業施策の「経営サポート」をクリックすると、種々の解説と同時に、以下の広報冊子等を見ることができます。これによって、中小企業施策を俯瞰することも、また重要施策を体系的に

把握することも可能になりますし、自社の業績や財務内容を開示するフォームも用意されています。

■ 広報冊子

2019年度版中小企業施策利用ガイドブック
施策を目的別にさがすことができます

経営革新計画進め方ガイドブック(PDF形式:10,466KB)
(平成31年2月発行)
経営革新計画の進め方についてわかりやすく親しみやすくまとめたガイドブック

認定経営革新等支援機関による支援のご案内(PDF形式:678KB)
(平成31年1月30日更新)
自社の抱える経営課題を解決したい場合は『認定経営革新等支援機関』に御相談下さい。

　以上、日本の金融機関の融資意思決定のメカニズムやその稟議書について述べ、今後の地域金融機関の人材リストラに伴う、借り手への添付説明資料の提出依頼について述べてきました。しかし、この状況は、融資決定権限が各金融機関の本部に置かれたままであって、過渡的な対応かもしれません。その極端なケースとしては、支店に融資の決定権限をシフトする「スベンスカ・ハイデルスバンケンの支店業務体制」も、考えられます。

　いずれにしても、金融機関は、融資を伸ばして、地域活性化を図らなければならず、中小企業も融資を梃子として、自社と地域の活性化に注力しなければなりません。金融機関としても、意思決定変更や体制変更を伴う、大きなビジネスモデルの転換をしなければならないかもしれませんし、中小企業も、もう少し内部統制を確立し情報開示の精度を上げなければならないかもしれません。

オ. 支店分権化経営の「スベンスカ・ハイデルスバンケン」

　参考までに、支店の分権化経営を行っている「スベンスカ・ハイデルスバンケン」の支店業務体制を以下に紹介します。

　スウェーデンの「スベンスカ・ハイデルスバンケン」の融資の意思決定は、ほとんど支店に任されています。「支店こそが銀行」という「分権化経営」のビジネスモデルになっており、本部の中間管理組織を削減し、意思決定は全国8つの地域統括部門と支店に委譲しています。

この銀行は、徹底した支店の分権化経営を行い、与信判断、販売戦略、人事採用等、支店の自主裁量が認められています。地域顧客を熟知している支店が分権化経営の背景にあり、また支店の従業員数は少ないので、本部の商品開発部門やリスク管理部門が適宜支店業務をサポートしています。

➡ **スベンスカ・ハイデルスバンケンの支店業務体制**

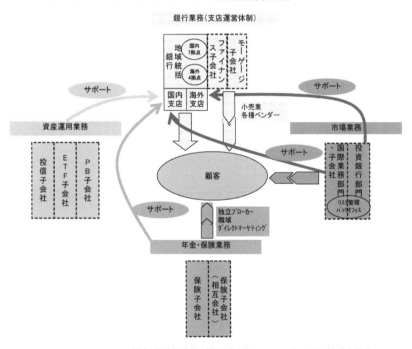

　（注）保険子会社（相互会社）は 2006 年 1 月に株式会社化している。
　（出所）ハイデルスバンケン年次報告書等により野村資本市場研究所作成

② SDGsとの関わり

12.3	2030年までに小売・消費レベルにおける世界全体の一人当たりの食料の廃棄を半減させ、収穫後損失などの生産・サプライチェーンにおける食品ロスを減少させる。
12.5	2030年までに、廃棄物の発生防止、削減、再生利用及び再利用により、廃棄物の発生を大幅に削減する。
12.6	特に大企業や多国籍企業などの企業に対し、持続可能な取り組みを導入し、持続可能性に関する情報を定期報告に盛り込むよう奨励する。

　融資意思決定を短縮化することは、金融機関としての多くのロスを削減することであり、融資作業の効果と効率化を上げるということです。食品ロスや廃棄物の削減は、多くの工夫によって効果を上げることであり、持続可能な取組みやその情報は大企業に要請し、全体効率を上げるものです。融資意思決定の短縮化は顧客や金融機関の時間ロスや意思決定ロスを改善するものであり、その全体効率を上げて、取引先企業や金融機関のプロパー業務をアップし、SDGsへの貢献を図ってもらうということです。

③ ビジネスモデルによる金融機関の融資残高と収益貢献

　かつて、銀行は、不動産業者提携住宅ローンに注目して、この住宅ローンの推進と合理化に本腰を入れるようになりました。銀行は、不動産業者に、住宅ローンのほとんどの事務手続きや顧客説明を委ねるようになりました。

　そこで、住宅ローンの申込者は、1〜2回の銀行訪問で済むようになりました。銀行としては、申込みの内容チェックと個人情報の確認、そして本人確認ならびに本人の借入意思確認の自署を求めることで、事務処理はほぼ完了することになっています。

　そのために、銀行としては、不動産業者との提携契約を結んで、ローンプラザ・ローンセンターを用意しましたが、住宅ローン申込者や銀行担当者には、ほとんど接客負担や事務負担はかからないものになっています。

　この提携ローンの導入により、銀行は、プロパー住宅ローン時代に、一人の接客時間・事務処理時間が10時間以上かかったものが、20分程度になりました。申込者のストレスも銀行の効率化も、大幅に解消されるようになりました。

　この事務フローは以下のとおりで、以前はほとんどの業務を金融機関が行っていましたが、ローンプラザ・ローンセンター導入後は、ほとんど、不動産会社が行うようになりました。その影響もあってか、国内金融機関の住宅ローン残高は、1995年の52兆円から、2019年には129兆円になっています。今回の融資意思決定の短縮化によるビジネスモデルの場合は、

➡ 申込の流れ（一般的な場合）

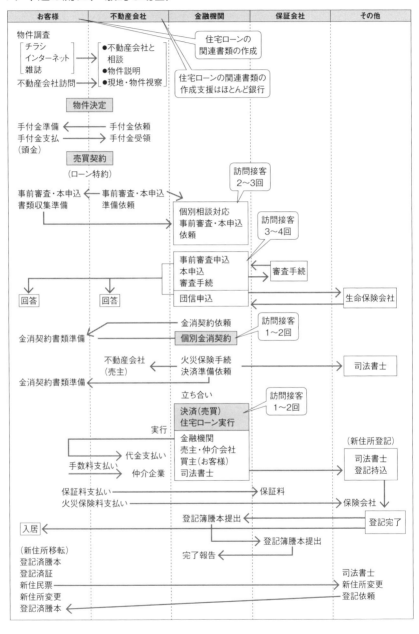

お客様	不動産会社	金融機関	保証会社	その他

物件調査
┌ チラシ
│ インターネット
└ 雑誌
不動産会社訪問

●不動産会社と相談
●物件説明
●現地・物件視察

住宅ローンの関連書類の作成

住宅ローンの関連書類の作成支援はほとんど銀行

物件決定

手付金準備 ← 手付金依頼
手付金支払 → 手付金受領
（頭金）

売買契約
（ローン特約）

事前審査・本申込 ← 事前審査・本申込
書類収集準備　　準備依頼

個別相談対応
事前審査・本申込依頼

訪問接客 2～3回

事前審査申込
本申込
審査手続
団信申込

訪問接客 3～4回

審査手続

回答　　回答

生命保険会社

金消契約依頼
個別金消契約

訪問接客 1～2回

金消契約書類準備

不動産会社（売主）

火災保険手続
決済準備依頼

司法書士

金消契約書類準備

立ち合い
決済（売買）
住宅ローン実行

訪問接客 1～2回

実行

金融機関
売主・仲介会社
買主（お客様）
司法書士

（新住所登記）

代金支払い

手数料支払い → 仲介企業

司法書士
登記持込

保証料支払い → 保証料
火災保険料支払い → 保険会社

登記簿謄本提出 ←

登記完了

入居 ←

登記簿謄本提出

完了報告 ←

（新住所移転）
登記済謄本
登記済証
新住民票
新住所変更
登記済謄本

司法書士
新住所変更
登記依頼

→ 申込の流れ（提携ローンの場合）

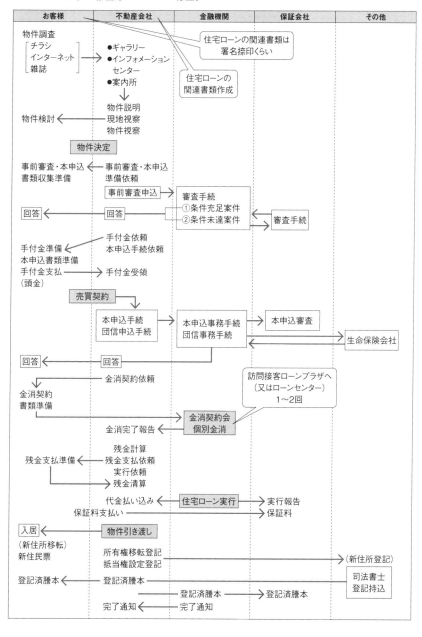

上記の不動産会社が、「借り手中小企業に寄り添う税理士や認定支援機関・コンサルタント」になるという図式を書くことができます。

④ 今後の展望

　2019年12月の金融検査マニュアルの廃止に伴って公表された「検査マニュアル廃止後の融資に関する検査・監督の考え方と進め方」では、各金融機関の経営は、以下のように自由度が増すことになりました。

【金融検査マニュアル時代】

検査マニュアル廃止後の融資に関する検査・監督の考え方と進め方

II. 融資に関する検査・監督の現状と課題

Ⅰ. バブル崩壊後の検査・監督

　しかし、検査マニュアルが想定しているビジネスモデルは、結果として、かなり限定された類型のものとなり、各金融機関の経営戦略や融資方針が十分に考慮されず、画一的に内部管理態勢（リスク管理、引当等）の検証が行われた結果、例えば、以下のような影響が生じてきたと考えられる。

　① 担保・保証への過度な依存、貸出先の事業の理解・目利き力の低下といった融資行動への影響が生じた（これに対し、バブル期以前には、運転資金、設備資金等の資金使途や返済財源に着目し、将来のキャッシュフローを重視した融資が行われていたとの指摘がある）。

　② 過去の貸倒実績のみに依拠して引当を見積もる実務が定着した結果、金融機関が認識している将来の貸倒れのリスクを引当に適切に反映させることが難しくなった（個々の貸出先の債務者区分の変更により引当額を増減させる実務では将来のリスクを適切に反映することが難しい）。

【金融検査マニュアル廃止後】

①金融機関の経営理念・戦略に応じた検査・監督

　Ⅰ. 金融機関の個性・特性（＝全体像）を理解する。

　・金融機関がどのような経営環境の中で、何を目指しているのか（経営理念）、そのためにどのような経営戦略や融資方針、リスクテイク方針を採用しているのか

　2. その上で、どのように金融仲介機能を発揮しようとしているのか、それに伴う健全性上の課題は何かを明らかにする（健全性と仲介機能は表裏一体）。

・例えば、地域に根ざした融資を行うのであれば、当該地域の産業事情に通じているか、当該産業特有のリスクにどのように対応しようとしているのか等

　この金融検査マニュアル廃止後については、各金融機関が、「SDGs」や「まち・ひと・しごと創生総合戦略」の考え方の下に、地域によって産学官金労言士と連携を深め、「今まで単独に見てきた融資対象企業」を「地域の中の融資対象企業」と見ることで、支援度が強まる可能性もあります。その時には、金融機関が独自に作成した「融資意思決定の短縮化によるモデル」によって、この企業の融資判断をすることも可能になります。このような動きが定着すれば、事業性評価や種々の資金ニーズが発掘できて、融資の増加の可能性も高まるものと思われます。

4 金融機関と外部機関(税理士等)の連携による取引先利便性の提案

1)税理士・公認会計士と金融機関営業現場との連携モデル

税理士・公認会計士と 金融機関営業現場との連携モデル	税理士・公認会計士の強みと 銀行業務への補完について

1) 中小企業の経理財務は、税理士などの会計専門家に圧倒的に依存し、中小企業経営者は顧問税理士などに信頼を寄せている。税理士も、日常業務の中に、月次訪問（巡回監査）・書面添付・中小企業会計基本要領（中小会計要領）の活用を行い、日本税理士会連合会も中小企業支援方針を明確化し、認定支援機関の登録シェアも他の士業に比べて圧倒的に高く（第1位）なっている。
2) 中小企業は、一般的に、財務面などの管理部門が弱く、税理士等が補完しているので、金融機関として、取引先中小企業からの情報収集による円滑取引を行うには、税理士との連携が必要になる。
3) 融資現場の支店と地元税理士との連携は、今後の中小企業取引にとって欠かせないものであり、地域金融機関として有効なビジネスモデルとなるはずである。
4) このビジネスモデルを遂行するには、金融機関と税理士の問の相互理解と相互支援が欠かせない一方、利益相反行為の防止や個人情報保護また非弁行為への注意などにも気をつけなければならない。
5) そのためには、金融機関として、税理士の機能の研修や情報交換体制の確立また中小企業・顧問税理士・金融機関との役割分担などを学ぶ必要がある。

① ポイント

ア. 財務情報を中心にする「情報開示」には税理士の力が必要

　中小企業が最も信頼を置いているのは、常に中小企業に寄り添っている税理士などの会計専門家です。

　かつて、金融機関も取引先への訪問を主要業務にしていましたが、今では、営業店（支店）の融資・外訪担当者の削減を行いました。その担当者は、ほとんど取引先との接触はなくなってしまいました。最近では、金融

機関は、金融庁の旗振りで新たに「事業性評価融資」を推進することになっていますが、そのためには、税理士などの専門家と連携を組むことが効果的であり、今や、これは必然の流れになっているようです。税理士は、中小企業が最も信頼を寄せている機関であると同時に、事務所の役職員のほとんどは、簿記等の財務会計のスキルを有していますので、「情報開示」の専門家として金融機関から信頼を寄せられています。その上に、顧問税理士は、月次訪問・巡回監査という、原則、月1回の企業訪問も行い、中小企業のタイムリーで動態的な情報収集も行っています。また、平成24年8月以降は、多くの税理士は「認定支援機関」の資格を取得し、中小企業への経営改善計画やコンサルティングの研修を受けています。

　金融機関は取引先中小企業の融資審査に、事業内容や成長可能性を見極める「事業性評価」の説明を求めることが多くなっています。また、融資を実行した後には、モニタリングすることも求めています。さらに、金融機関は、コンサルティングや経営改善計画策定支援も取引先企業にしなければならないものの、実際には、そのようなサービスまではなかなかできません。最近では、その補完役を税理士が演じてくれているようです。金融機関と円滑な取引を望む企業は、税理士などの会計専門家との連携を組んで、今後一層、親密化を図っていかなければならないと思われます。

イ. 税理士等における中小企業支援のインセンティブ

　一方、税理士等会計専門家も、中小企業への支援を希望しています。

　税理士等は、地域に定住して、地域の企業・個人などに税務関連のサービスを行う専門家で、顧問先の多くは地域の中小企業です。地元中小企業の成長がなければ税理士などの成長もありません。税理士やその事務所は、地域における貢献を目指し、自分たちの基盤強化も図っています。地域で長く営業している税理士などは、中小企業の発展・再生に努めたいという気持ちと地域発展への情熱はかなり大きいものです。実際、税理士団体の研修会や機関誌などでは、地域貢献や地元企業の成長支援について多く語られています。また、税理士は自由業者の中では、従業員を雇用できる数

少ない資格者と言われ、地域における雇用増加への貢献も大きいものがあります。

　しかし、近年は、電子申告や税務申告ソフトの増加で、かつての税理士などの本業であった税務申告関連の業務が少なくなっています。このままでは、収益源の税務申告代理や記帳業務また税務相談業務もジリ貧が予想されます。このアゲンストの風の下、顧問企業や関連企業に対する「事業性評価」「コンサルティング」「経営改善計画策定支援」をはじめとする経営企画などの支援業務へのシフトが必須と言われています。

　もともと税理士や事務所の役職員は、財務や経営の知識が高い上に、地域での人脈も広く、地元での発言力も大きい方が多く、中小企業の経営コンサル業務には適しています。経営コンサル業務へのシフトは、税理士などにとっても、業務拡大として前向きに捉えられるものです。同時に、税理士としての収益チャンスも広がるものですから、インセンティブも高まり、これらの業務は受け入れやすいものと思われます。

ウ. 税理士業務の実態と地域活性化への潜在能力

　現在、税理士は7万8千人を超え、事務所の役職員も合計すれば約25万人で、日本全国、どこの地域にも必ず税理士事務所はあります。税理士やその事務所メンバーは、税務ばかりでなく、財務・経営・金融の知識・スキルを豊富に持っていることが多く、地域金融機関との連携が円滑に行われれば、地域活性化に貢献することになります。

　税理士事務所は、資格保持者と従業員の混合部隊で、特に地方の税理士事務所はかなりの従業員を抱えています。その従業員も、税務・会計・財務の知識は高く、月次訪問・巡回監査などを担当し、経営改善計画策定や経営管理に関する実務は、ハイレベルの人材も多くいます。その税理士事務所はほとんどが30人未満の事務・役職員であり、国家資格保有の税理士（所長）が、リーダーをしています。このリーダーの税理士は、金融機関とは異なって稟議書などを使わず、即断即決の意思決定を行っています。税理士は、金融機関の融資担当者の必須知識やスキルはほとんど持っていま

すが、金融機関などの大企業（組織）における稟議制度については、未経験のことが多々ありますので、税理士事務所のメンバーとの交渉においては、この点の注意は必要です。

エ. 税理士の現状

　ちなみに、すべての税理士は、日本税理士会連合会に強制加入しており、全国にその傘下の15税理士会があります。

➡ 税理士登録者・税理士法人届出数（令和２年３月末日現在）

会名	登録者数	税理士法人届出数	
		主たる事務所	従たる事務所
東京	23,388	1,273	448
東京地方	4,955	218	152
千葉県	2,524	105	82
関東信越	7,415	422	245
近畿	14,974	719	321
北海道	1,848	158	92
東北	2,493	139	100
名古屋	4,673	287	153
東海	4,372	232	135
北陸	1,408	101	49
中国	3,148	149	99
四国	1,634	88	48
九州北部	3,327	171	134
南九州	2,197	108	61
沖縄	439	27	28
計	78,795	4,197	2,147

　個々の税理士事務所の具体的な業務は、以下のとおりです。
　税理士業務の中心は、税理士法第１条で述べられているとおり、「税務に関する専門家として、独立した公正な立場において、申告納税制度の理念にそって、納税義務者の信頼にこたえ、租税に関する法令に規定された

納税義務の適正な実現を図ることを使命とする。」となっていますが、以下の業務内容は、一般には知られていない業務です。

・月次訪問（巡回監査）……税理士が顧客に対して提供する業務の一種で、定期的に顧問先を訪問し、正しい記帳処理が行われているかの確認や、アドバイスを行うことを言います。金融機関が融資先に行わなければならないとされる「モニタリング管理」とほぼ同等の業務です。税理士事務所は、毎月1回、顧問先企業に訪問をしています。

・書面添付……国税庁ホームページによれば、「税理士が計算事項等を記載した書面を作成し、その書面を申告書に添付して提出した場合、税務調査前に、税理士又は税理士法人に対して、添付された書面の記載事項について意見を述べる機会を与えなければならない」とされています。実際、税理士の多くは厳格に、この書面添付を実施しようとしています。この実績に対して、書面添付された企業に対して、金利優遇を実施している金融機関もあります。

・中小企業会計基本要領（中小会計要領）……日本税理士会連合会の解説では、この中小会計要領は、「中小企業の多様な実態に配慮し、その成長に資するため、中小企業が会社法上の計算書類等を作成する際に、参照するための会計処理や注記等を示すもの」となっています。金融機関は内部で、融資企業に対して、自己査定（資産査定）を行う際に、提出された確定申告の決算書の勘定科目の見直しを行いますが、この中小会計要領の勘定科目の数値を尊重することが多くなっています。この中小会計要領の採用企業に対し、かなり多くの金融機関が金利優遇を実施するようになっています。金融検査マニュアルが廃止になったとしても、金融機関として自己査定がなくなることはありませんので、この中小会計要領は、金融機関にとって有難いものです。

　さらに、税理士などは、税理士会で「綱紀規則第25条」として、「税理士間の業務侵害防止規定で、既に決まっている顧問先の業務を侵害してはならない」というルールがあります。このために、税理士は、原則、中小

企業と1対1の関係が大半です。そこで、コンサルティングの信頼度は、1対1の税理士の方が複数行取引の金融機関よりも強いようです。日本の中小企業は、一行借入先の比率が20％程度しかありません。ほとんどの企業が3〜5行取引で、しかも、何でも相談し他行を仕切ってくれるメイン銀行も、ほとんど、なくなってしまっています。複数行調整については、企業独自か、または、税理士に支援してもらうことになっており、バンクミーティングにおいても、税理士の出席が多くなっています。また、金融機関の担当者には、金融庁から、「顧客企業のライフステージ等に応じて提案するソリューション（例)」（40・41ページ参照）のような，高度のコンサルティングを要請されていますが、現在の金融機関の一般的な担当者としては、業務時間の制約、利益相反の拘束から、このようなコンサルティングを取引先企業に提案することはほぼ難しくなっています。金融機関として、取引先中小企業から情報収集をして、円滑な取引を行うには、税理士との連携がどうしても必要になると思います。

オ. 認定支援機関との連携

　2019年12月時点で、認定支援機関は3万5千機関となっています。その大半が税理士出身者です。具体的な活動は、以下のとおりです。

　本制度の発足から5年後に、「更新制度」を設け、この認定支援機関の品質維持向上と制度のレベルアップを図っています。特に、更新については、「中小企業に対する①モニタリング、②地域連携、③信頼できる計算書類」について、更新申請書に記載することになっています。

➡ 認定支援機関とは

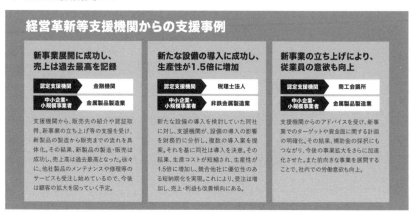

経営革新等支援機関からの支援事例

新事業展開に成功し、売上は過去最高を記録

| 認定支援機関 | 金融機関 |
| 中小企業・小規模事業者 | 金属製品製造業 |

支援機関から、販売先の紹介や認証取得、新事業の立ち上げ等の支援を受け、新製品の製造から販売までの流れを具体化。その結果、新製品の製造・販売は成功し、売上高は過去最高となった。徐々に、他社製品のメンテナンスや修理等のサービスも受注し始めているので、今後は顧客の拡大を図っていく予定。

新たな設備の導入に成功し、生産性が1.5倍に増加

| 認定支援機関 | 税理士法人 |
| 中小企業・小規模事業者 | 非鉄金属製造業 |

新たな設備の導入を検討していた同社に対し、支援機関が、設備の導入の影響を財務的に分析し、複数の導入案を提案。それを基に同社は導入を決意。その結果、生産コストが短縮され、生産性が1.5倍に増加し、競合他社に優位性のある短納期化を実現。これにより、受注は増加し、売上・利益も改善傾向にある。

新事業の立ち上げにより、従業員の意欲も向上

| 認定支援機関 | 商工会議所 |
| 中小企業・小規模事業者 | 金属製品製造業 |

支援機関からのアドバイスを受け、新事業でのターゲットや資金面に関する計画の明確化。その結果、補助金の採択にもつながり、今後の事業拡大をさらに加速化させた。また前向きな事業を展開することで、社内での労働意欲も向上。

使える施策

経営革新等支援機関から支援を受けることで、補助金や税制優遇などの申請を行うことができます。

経営改善計画策定支援事業

金融支援を伴う経営改善が必要な中小企業・小規模事業者が認定支援機関の助力を得て取組む経営改善計画策定とモニタリングの費用を支援します。また、金融支援が必要となる前の早期段階における簡易な経営改善計画策定とモニタリングの費用も支援します。

| 認定支援機関による経営改善計画支援事業 | 検索 |

事業承継補助金

事業承継・世代交代をきっかけに新しいチャレンジを行う事業者を支援します。

| 事業承継補助金 | 検索 |

ものづくり・商業・サービス支援補助金

生産性向上に資する革新的サービス開発・試作品開発・生産プロセスの改善を行うための設備投資等にかかる費用を補助します。

| ものづくり・商業・サービス補助金 | 検索 |

事業承継税制

後継者が非上場会社の株式等を先代経営者等から贈与・相続により取得した際、経営承継円滑化法により都道府県知事の認定を受けると、贈与税・相続税の納税が猶予される制度です。

| 事業承継税制 | 検索 |

※上記は主な施策になります。そのほか使える施策については、中小企業庁HPをご覧ください。

➡ 認定支援機関による支援

経営革新等支援機関からの支援の流れ

01 中小企業・小規模事業者の経営課題

- 売上を拡大したい
- 設備導入を行い生産性を向上したい

業績アップを図りたい

経営の向上を図りたい

02 支援機関の選定

認定経営革新等支援機関は
中小企業庁HPより検索

認定支援機関　検索システム　　検索

03 認定経営革新等支援機関に相談

- 経営状況の把握
（財務分析、経営課題の抽出）
- 事業計画作成
（計画策定に向けた支援・助言）
- 事業計画実行
（事業の実施に必要な支援・助言）　等

経営状況　　事業計画

04 事業計画の実現！

- 売上拡大のための戦略策定について支援を受けたところ、新規顧客獲得につながり、売上げが伸びた。
- 人手不足について悩んでいたところ、設備投資の補助金活用についてアドバイスを受け、新規採用せずに、生産性向上を図れた。

売上拡大！　　人手不足解消！

05 モニタリング・フォローアップ
巡回監査の実施、改善策の提案など

認定経営革新等支援機関に関する情報はこちら

制度の概要等について	中小企業庁 経営支援部 経営支援課　📞03-3501-1763　認定支援機関 中企庁　検索
支援機関のシステム検索	認定経営革新等支援機関 活動状況検索システム 　認定支援機関　検索システム　検索

② SDGsとの関わり

8.2	高付加価値セクターや労働集約型セクターに重点を置くことなどにより、多様化、技術向上及びイノベーションを通じた高いレベルの経済生産性を達成する。
8.3	生産活動や適切な雇用創出、起業、創造性及びイノベーションを支援する開発重視型の政策を促進するとともに、金融サービスへのアクセス改善などを通じて中小零細企業の設立や成長を奨励する。
8.9	2030年までに、雇用創出、地方の文化振興・産品販促につながる持続可能な観光業を促進するための政策を立案し実施する。
8.10	国内の金融機関の能力を強化し、全ての人々の銀行取引、保険及び金融サービスへのアクセスを促進・拡大する。

　以上のような金融サービスを励行するには、地元の税理士との連携が必要と思われます。金融機関は、従来から、監督官庁の大蔵省（現 財務省）の指示の下に、護送船団の一員として動いてきて、金融検査マニュアル公表と同時に金融庁のガイドラインの下に、預金・為替・貸出の「縦割り業務」を励行してきました。しかし、この金融検査マニュアルが廃止され、SDGsの考え方が浸透すると、地域においては、地域住民や地域企業への貢献を行うために、産学官金労士と連携して、「横割り業務」に注力することにもなりました。

　地域に対しては、地域の各機関と組んで、高いレベルの経済生産性や金融サービスのアクセス改善、雇用創造、地方文化の振興・産品販促を行い、金融機関として能力強化を図ることが求められています。金融機関としては、このSDGsの考え方を実践することが求められています。

③ ビジネスモデルによる金融機関の融資増加と収益貢献

　取引先企業の税理士との連携は、その企業との取引の拡充ばかりではなく、税理士の他の顧問先の紹介を受けるチャンスでもあります。今後の金融機関の融資業務においては、稟議書の企業審査や事業審査、またエリア審査における「SDGs」や「まち・ひと・しごと創生総合戦略」の詳細説明など、企業が作成する資料や書類に頼ることが多くなります。このような資料や書類を抵抗なく作成できる企業は、それほど多くなく、結局、税理

士に作成支援を依頼するようになると思われます。この書類作成支援も、金融機関担当者との相互信頼によるところが大きく、両者の連携が必須になります。その中から、税理士からは金融機関の新規の融資先の紹介があり、金融機関からはコンサルティングに長けた税理士に対して、取引先中小企業の紹介があるものと思われます。また、税理士は、行政機関の監査委員など、地域の要職についている人材も多く、地域情報から、融資先の拡大に繋がることも多くなると思います。

④ 今後の展望

　これから金融機関のフィンテック化が進み、融資業務のアウトソーシングが活発化された場合は、地域におけるその受け皿は、税理士になる可能性があります。現在の提携住宅ローンにおいて、金融機関は、その住宅ローンの事務手続きの大部分を不動産会社にシフトしていますが、同様に、金融機関における商業手形割引取引や短期運転資金融資や設備資金融資などについては、事務手続きや稟議書の作成まで、税理士などにシフトする可能性もあります。もちろん、金融機関として、借り手の本人確認や意思決定は外せませんが、税理士へのかなりの事務の移転は行われるものと思います。

　今後の金融機関の融資業務は、事業性評価に沿った事業審査のチェック、定性要因分析による企業審査のチェック、また、「自公庫の経営理念」や「SDGs」「まち・ひと・しごと創生総合戦略」によるエリア審査などが中心になると思います。また、従来の企業審査や事業審査は、税理士などによって支援を受けた各中小企業が作成する「企業審査申請書」や「事業審査申請書」のチェック業務・再鑑業務が中心になると思います。

　そのためには、今後の金融機関の融資担当者は、取引先企業に関する「ローカルベンチマーク」やRESAS、経済センサスなどの情報チェック・再鑑や地域情報の収集またSDGsの視点による地域金融機関としての資料作成などが、主要業務になると思います。さらに、金融機関の本部も、支店の担当者から申請される稟議書のチェックばかりではなく、支店業務の

支援活動や地域金融機関としての広範囲な地域情報の収集活動をすることになり、稟議書の決裁ラインもかなり短いものになると思われます。

2）税理士団体と地域金融機関グループの融資残高アップのモデル

税理士団体と地域金融機関グループの 融資残高アップのモデル	銀行本部の税理士・ 公認会計士への要請事項について

1) ほとんどの金融機関は、直ちに「スペンスカ・ハイデルスバンケン」のようなビジネスモデルに変更することはできず、むしろ、現状の地域金融機関の組織・体制を維持しながら、意思決定の簡素化やスピードアップ化するビジネスモデルが現実的かもしれない。そのためには、「税理士との連携」を密にすることが近道であるが、個々の税理士や公認会計士と金融機関の各支店の自主的な連携を持つことでは、金融機関として、中小企業への融資拡大の喫緊の課題は解決しないものと思われる。

2) そこで、中小企業が最も信頼を置く税理士の団体と地域金融機関またはそのグループと、情報交換を密にして、具体的な連携の手順やツールの定型化等を進めて、中小企業と税理士等のグループと地域金融機関のグループが連携したビジネスモデルの構築を早めることが現実的と思われる。

3) 税理士団体も、今後の税理士における税務申告業務の縮小化の動きに危機感を持っており、地域金融機関も、地方と都市の格差や少子高齢化またフィンテックによる構造的な収益低下の対策を講じなければならないので、ある限定した地域の税理士団体と地域金融機関グループなどが連携して、中小企業の融資拡大を図って、地域の活性化に努めることが大切と思われる。税理士団体も金融機関も、それぞれ本部が意思決定権を持っているから、本部主導で動く税理士連携が効果的と愚考。

4) 例えば、地域のいくつかの金融機関と税理士会の各支部との情報交換や、連携手順また融資申込みツールの定型化などを進めて、融資現場の支店と地域の税理士との連携強化が達成できれば、中小企業と税理士の連携チームから各地域金融機関の融資申込書が提出されれば、金融機関も円滑な融資ができ、中小企業の地域貢献も活発化するものと思われる。

5) 中小企業は税理士等と連携を組むことで、情報開示ばかりではなく、取締役会や組織改編また内部統制、さらに、経営改善計画の策定機能もレベルアップできる。地域金融機関も中小企業が税理士と連携した書類の提出や対話ができるようになれば、融資の意思決定を行う稟議制度も軽量化できるようになる。融資担当者や本部担当者のチェック回数も減り、実行後の融資に関するモニタリングも税理士などに任せることができれば、地域金融機関も効率化が図れる。

6）このような、中小企業と税理士などの専門家団体と地域金融機関グループ等の連携ができるようになれば、中小企業も業務の活性化が図れ、税理士も手数料収入増加のチャンスも増え、地域金融機関も融資残高の増加などで収益の好転を図ることができるものと思われる。

① ポイント

　中小企業を取り巻く環境も IT 化・グローバル化が進み、かつてのように経営者と金融機関の支店担当者の間だけのやりとりでは、融資実行の決定ができなくなっています。意思決定者は、原則論で言うならば、中小企業経営者と金融機関トップですが、実務面では、中小企業に寄り添う税理士などと、金融機関の本部審査部などの担当者が、その融資の実行や条件変更の決定を行う資料の検討を行っています。

　ところが、この税理士や本部担当者は面識がなく会話もありません。その両者の間を取り持つ金融機関内部の稟議書などの文書は、金融機関では融資経験が少ない若手の担当者が起案者になっています。この稟議書の文書などは、理想的には、取引先の企業情報や事業性評価・資金ニーズの詳細を表現すると同時に、この融資が企業にとって有益であり、地域貢献にも繋がり、その金融機関の経営理念や SDGs にも適している内容を伝えなければなりません。しかし、本部の担当者は、その未完成の稟議書の文書からは、それらの点を把握することは、なかなか難しいようです。

　さて、金融検査マニュアル時代は、顧客情報を「自己査定・償却・引当」の状況が把握しやすいような数値で判断していましたが、金融検査マニュアルの廃止後は、取引先の実態や未来を展望し全体的視野を重視した情報や知識が必要になります。これからの稟議書の文書は、企業の外部環境情報として地域の情報・業界の情報・ステークホルダーの情報が必要になり、内部環境情報については、リスク管理や内部統制、監督やモニタリングが欠かせないものになると思います。現実問題として、ここまでの情報は支店担当者から本部担当者になかなか届きませんが、今後の金融機関の融資

内容やコンサルティングはかなり高度化してくるものと思います。

　今までは、金融機関は「金融検査マニュアル」によって、債務者区分の算定を厳格化しなければならないとか、その区分に従って顧客対応はいかにするべきかなど、金融機関として与信管理や行動管理が拘束されていましたが、金融検査マニュアルの廃止により、各金融機関が地域や規模・特性またその歴史に沿って、自公庫のビジネスモデルを作成すれば、対象企業に対してそのモデルに沿って、柔軟な対応ができるようになりました。

　すなわち、自公庫の作成したビジネスモデルをバネに一層飛躍することができ、総合的に中小企業や地域住民などの活性化に貢献するような、金融支援を行うこともできるようになると思われます。

　金融機関の本部担当者と面識はないものの中小企業の顧問をしている税理士との間で、情報交換や相互交流ができれば、新しい企画が生まれることになる可能性もあります。「より広い範囲で、税理士と金融機関との連携」をイメージすることができ、「税理士の団体と金融機関の本部の実務担当者との連携モデル」が稼働することで、例えば、税理士の中で、中堅・中小企業への内部統制・組織改編・モニタリングやその情報開示のアドバイスができる人材と、金融機関の本支店において、そのようなアドバイスを求める他店取引の中堅・中小企業との連携を、本部実務担当者の紹介で連携を組むことができるかもしれません。金融機関と取引のある中堅・中小企業を俯瞰して、該当する企業に対して、高度のコンサルティングができるような税理士を紹介することが可能になるかもしれません。このコンサルティングから、上場企業に成長できるような企業を育成することもできるようになるとも思われます。

　前述の「スベンスカ・ハイデルスバンケン」の「支店こそが銀行」「分権化経営」というようなビジネスモデルは、現在の日本では理想かもしれませんが、地域金融機関としては、支店担当者の与信判断、販売戦略、人事採用等のスキルや地域顧客の熟知度について、教育研修を行うことで、可

能になるかもしれません。当面は、本部の営業支援部門や商品開発部門ま
たリスク管理部門のサポートで可能であり、長期的には、そのような支援
体制と融資権限体系の構築また教育研修の充実でできるようになるかもし
れません。

　現状の地域金融機関の組織・体制を維持しながらも、本部の担当者と税
理士団体の本部メンバーとの間の情報交換により、金融機関の全取引ベー
スで高いコンサルティングを求める企業群と高度なコンサルティングので
きる税理士群をリストアップできれば、有効な企業と税理士のマッチング
が可能になるかもしれません。このような取引先への高いレベルのコンサ
ルティング支援体制ができれば、金融機関も税理士会も相乗効果が見込め
ると思います。金融機関の支店・本部とのネットワークを構築し、税理士
会についてもコンサルティングのネットワークが作れれば、地域における
高度なコンサルティング・スキルの醸成ができ、取引先企業への質の高い
貢献が可能になると思われます。

② SDGsとの関わり

11.3	2030年までに、包摂的かつ持続可能な都市化を促進し、全ての国々の参加型、包摂的かつ持続可能な人間居住計画・管理の能力を強化する。
11.6	2030年までに、大気の質及び一般並びにその他の廃棄物の管理に特別な注意を払うことによるものを含め、都市の一人当たりの環境上の悪影響を軽減する。
11.a	各国・地域規模の開発計画の強化を通じて、経済、社会、環境面における都市部、都市周辺部及び農村部間の良好なつながりを支援する。

　このような包摂的かつ持続可能な都市化の問題は、すべての国々の参加
型とか、都市部、都市周辺部および農村部間の良好な繋がりで、「住み続
けられるまちづくり」を目指すことになっています。金融機関の本部と税
理士団体との連携も、個々の金融機関の担当者やそれぞれの税理士の連携
よりも、金融機関本部と税理士団体の連携の方が、良い効果が見込めます。
　金融機関においては内部統制の定着後に、税理士団体においても個々の
メンバーの共感性の後に、包摂的かつ持続可能な都市化の問題のように、

対象になる中小企業と地域に、持続可能な意識を育てられると思われます。経営者一人の意思決定よりは、その集合体の持続可能な方向性の醸成、そして、それぞれの集団の良き連携が、SDGsの方向性を高めると思います。その集団は、内部統制の重要性に気付き、外部環境に目を配り、内部環境の組織に注力することで、相乗効果を生むと思います。

③ ビジネスモデルによる金融機関の融資増加と収益貢献

　金融機関の支店の融資担当者と地元の税理士の連携によって、中小企業の融資の拡大について、両者とも積極的に推進したいところです。さらに、この動きを広範囲に広めることを願い、税理士団体と金融機関の意思決定権のある各本部との連携に進む方が、より効果は高まると思います。その本部同士で連携ができれば、逆の流れで、各担当者やそれぞれの税理士もその連携が、一層強まることになると思います。税理士の中には、金融機関との連携について、積極的ではない人もいますし、金融機関の融資担当者としても、バラツキがあります。税理士団体と金融機関の連携は、個々の担当者や税理士にも良き刺激を与え融資増加の効果を生み出せると思います。

　税理士が支援する個々の中小企業への融資から、多くの中小企業が使いやすいような提携型融資に発展すれば、この融資の残高は多くなり、多くの企業の活動が活発化し、地域の活性化にも繋がるものと思われます。このことから、個々の企業の融資の再度の申込みになるかもしれません。このことで、それぞれの上部の部署、すなわち、金融機関の本部や税理士会の本部が、再度動くことになれば、有機的に相乗効果が発生し、融資の拡大や税理士の顧問先への資金投入の増加になると思われます。

　結果的に、金融機関全体や税理士会のリードになれば、融資拡大などの大きな効果が見込まれ、その効果は、地域にも広がり、多くの地域の活性化に繋がる可能性も生じます。

④ 今後の展望

　このような流れが、ビジネスモデルによって生じれば、その連携による商品やサービスはさらに高度化していくものと思われます。

　例えば、金融機関の本部と融資担当者は、取引先中小企業に対して、顧問先の税理士と協働で、より高度の財務DD（デューデリ・調査）・事業DDを勧めることができるようになると思います。取引先企業に関して、企業のさらなる成長（上場化）や再生などを目指して、金融機関は、資本性融資の投入や種々のファンドの紹介もできると思いますし、税理士も、財務DDや事業DDのスキル習得やその取扱手数料で、業容の拡大も図れます。

　取引先企業の財務部や顧問税理士が、財務DDはできるものの、事業DDについては、経験がない場合については、その時は、金融機関の本部の専門家や税理士団体からの支援を受けることも可能になります。

　また、顧問先の税理士が経営者保証の解除のために、中小企業の内部統制の確立、すなわち、法人個人分離のための取締役会の正常化、情報開示の内容の選定、財務安定のための中小会計要領の導入などを、企業サイドから金融機関に相談することがあったとしたならば、本部担当者と顧問税理士また融資担当者との三者の連携で支援体制を組むこともできますし、その内部統制の専門家のネットワークや専門家の育成を図ることもできます。

　さらに、現在、特に課題になっている事業承継の後継者の選定と育成についても、その企業の内部統制の構築で解決できると言われていますので、その支援も可能になります。

　融資担当者では、取締役会や情報開示などの内部統制のアドバイス経験がないならば、本部の担当セクションに支援を求めることも、案件が複雑化した場合の税理士団体からの専門家の紹介も得ることができると思います。

　このように、個々の融資担当者と顧問税理士以外に、金融機関の本部専門家や税理士団体の専門家の連携で、多くの中小企業の案件の相談を乗りきり、さらなる信頼を高めることもできます。

7 章

金融検査マニュアル
廃止後の金融機関の
審査資料の準備

企業周辺情報としてのRESAS・経済センサスのチェック

1）RESAS（地域経済分析システム）

　経済産業省が旗振り役になって、RESAS（地域経済分析システム）の手法が、中小企業にも金融機関にも、定着しています。

　これは、地域経済に係わるさまざまなビッグデータ（企業間取引、人の流れ、人口動態等）を収集し、わかりやすく「見える化（可視化）」したシステムです。

（参考）https://resas.go.jp/

　RESASでは、地域の産業、地域経済循環、農林水産業、観光、人口、消費、自治体間比較などを行うこともできます。これらの項目の比較を行うことで、対象企業の地域との関わりや影響を浮き彫りにすることもできます。

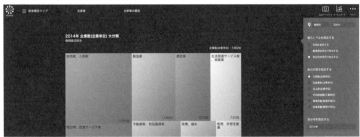

　2000年以降、不良債権先の対策や金融検査マニュアル準拠の動きから
か、各金融機関とも、地域の情報収集やデータ分析にはあまり力を入れて
いるとは言えませんでした。実際、調査部の産業調査部門を廃止したり、
審査部においても業界調査部門を縮小させています。各金融機関とも、今
までは、「地域の経済・産業の把握・分析」で多少の戸惑いがありましたが、
今後については、すべての金融機関が、この分野を十分に把握するために、
RESASの活用を始めると思います。

　今までは中小企業の技術力を見るために、金融機関は取引先の特許取得
状況の把握に苦労していましたが、これからはRESASによって容易にな
りました。例えば、各地の特許の状況は、そのRESASから入手すること
ができます。各地域の特許一覧表は、「RESAS画面の企業活動マップ→研
究開発→特許分布図→地域ごとに分布をみる→データをダウンロード→静
岡県・沼津市」の操作にて、PCの画面に行きつきます（利用者は日本全国、
どの地区でも検索できます。ここでは、事例として、静岡県・沼津市を選
択しました）。

16554	赤武エンジニアリング株式会	静岡	22203	沼津	飲料を作る装	A	生活必需	A4	個人用品また	A47	家具；家庭用品または家
16555	株式会社スグロ鉄工	静岡	22203	沼津	チル鋳造・ダイ	B	処理操作；	B2	成形	B29	プラスチックの加工；可塑
16556	国産電機株式会社	静岡	22203	沼津	車両の乗手	B	処理操作；	B6	運輸	B62	鉄道以外の路面車両
16557	国産電機株式会社	静岡	22203	沼津	同期機の永	H	電気	H0	電気	H02	電力の発電,変換,配電
16558	スーパーメディカルジャパン株	静岡	22203	沼津	医薬品製剤	A	生活必需	A6	健康；人命救	A61	医学または獣医学；衛生
16559	有限会社勝又製作所	静岡	22203	沼津	板・棒・管等の	B	処理操作；	B2	成形	B21	本質的には材料の除去
16560	国産電機株式会社	静岡	22203	沼津	プリント配線用	H	電気	H0	電気	H05	他に分類されない電気
16561	東静電子制御株式会社	静岡	22203	沼津	体外人工臓	A	生活必需	A6	健康；人命救	A61	医学または獣医学；衛生
16562	有限会社山本紙工	静岡	22203	沼津	積層体(2)	B	処理操作；	B2	成形	B32	積層体
16563	株式会社燃焼合成	静岡	22203	沼津	硫黄、窒素等	C	化学；冶	C0	化学	C01	無機化学
16564	株式会社トーヨーアサノ	静岡	22203	沼津	トンネルの覆	E	固定構造	E2	土中もしくは岩	E21	地中もしくは岩石の削孔
16565	株式会社ビデオ・テック	静岡	22203	沼津	スタジオ回路	H	電気	H0	電気	H04	電気通信技術
16566	東海ガス圧接株式会社	静岡	22203	沼津	圧接、拡散接	F	機械工学；	F2	照明；加熱	F23	燃焼装置；燃焼方法

　また、上記の検索手法の活用で、多くのデータ・図表が入手できます。
検索内容の一覧表は、以下のとおりです。

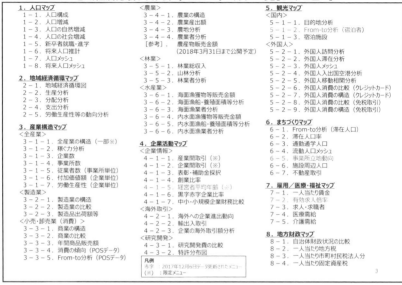

地域経済分析システム（RESAS）マップ一覧【81メニュー】

1．人口マップ
1－1．人口構成
1－2．人口増減
1－3．人口の自然増減
1－4．人口の社会増減
1－5．新卒者就職・進学
1－6．将来人口推計
1－7．人口メッシュ
1－8．将来人口メッシュ

2．地域経済循環マップ
2－1．地域経済循環図
2－2．生産分析
2－3．分配分析
2－4．支出分析
2－5．労働生産性等の動向分析

3．産業構造マップ
＜全産業＞
3－1－1．全産業の構造（一部※）
3－1－2．稼ぐ力分析
3－1－3．企業数
3－1－4．事業所数
3－1－5．従業者数（事業所単位）
3－1－6．付加価値額（企業単位）
3－1－7．労働生産性（企業単位）
＜製造業＞
3－2－1．製造業の構造
3－2－2．製造業の比較
3－2－3．製造品出荷額等
＜小売・卸売業（消費）＞
3－3－1．商業の構造
3－3－2．商業の比較
3－3－3．年間商品販売額
3－3－4．消費の傾向（POSデータ）
3－3－5．From-to分析（POSデータ）

＜農業＞
3－4－1．農業の構造
3－4－2．農業産出額
3－4－3．農業者分析
3－4－4．農業者分析
［参考］．農業物販売金額
（2018年3月31日まで公開予定）
＜林業＞
3－5－1．林業総収入
3－5－2．山林分析
3－5－3．林業者分析
＜水産業＞
3－6－1．海面漁獲物等販売金額
3－6－2．海面漁船・養殖面積等分析
3－6－3．海面漁業者分析
3－6－4．内水面漁獲物等販売金額
3－6－5．内水面漁船・養殖面積等分析
3－6－6．内水面漁業者分析

4．企業活動マップ
＜企業情報＞
4－1－1．産業間取引（※）
4－1－2．企業間取引（※）
4－1－3．表彰・補助金採択
4－1－4．創業比率
4－1－5．経営者平均年齢（※）
4－1－6．黒字赤字企業比率
4－1－7．中小・小規模企業財務比較
＜海外取引＞
4－2－1．海外への企業進出動向
4－2－2．輸出入取引
4－2－3．企業の海外取引額分析
＜研究開発＞
4－3－1．研究開発費の比較
4－3－2．特許分布図

凡例
赤字：2017年12月6日データ更新されたメニュー
（※）：限定メニュー

5．観光マップ
＜国内人＞
5－1－1．目的地分析
5－1－2．From-to分析（宿泊者）
5－1－3．宿泊施設
＜外国人＞
5－2－1．外国人訪問分析
5－2－2．外国人滞在分析
5－2－3．外国人メッシュ
5－2－4．外国人入出国空港分析
5－2－5．外国人移動相関分析
5－2－6．外国人消費の比較（クレジットカード）
5－2－7．外国人消費の構造（クレジットカード）
5－2－8．外国人消費の比較（免税取引）
5－2－9．外国人消費の構造（免税取引）

6．まちづくりマップ
6－1．From-to分析（滞在人口）
6－2．滞在人口率
6－3．通勤通学人口
6－4．流動人口メッシュ
6－5．事業所立地動向
6－6．施設周辺人口
6－7．不動産取引

7．雇用／医療・福祉マップ
7－1．一人当たり賃金
7－2．有効求人倍率
7－3．求人・求職者
7－4．医療需給
7－5．介護需給

8．地方財政マップ
8－1．自治体財政状況の比較
8－2．一人当たり地方税
8－3．一人当たり市町村民税法人分
8－4．一人当たり固定資産税

3

☛ RESAS（地域経済分析システム）

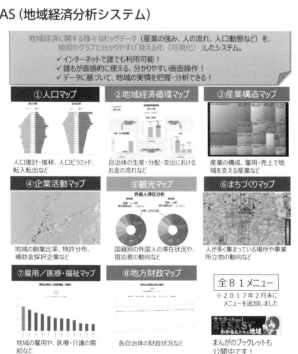

　なお、SDGsの方向性の決定や効果測定を行う場合にも、RESASマップ一覧の各項目を引用することが有効です。例えば、地場産業の地域における貢献度を見るためには、その地場産業の従業者が地域人口のどのくらいの割合を占めているのか、を把握することも重要です。そして、地域のSDGs戦略や「まち・ひと・しごと創生総合戦略」の方針との整合性をチェックし、その資料を地域金融機関に提出することも大切です。

2）経済センサス

　経済センサスは、多くの地域の統計データが一覧できます。特に、地域別に業種ごとの事務所や従業員数を把握できることから、地域金融機関の各支店の施策にも大いに役立っています。現在では、各金融機関の内部データを重ねれば、効果的な施策を実行することも可能になります。当然ながら、このデータは誰でも閲覧できることから、経済センサスのデータを

使って金融機関と地元企業の対話を行うこともできます。例えば、アパートやマンションの建設を計画する場合は、地元の「町丁・大字別の従業者数の集計や建設・不動産の事業所数の集計」を把握することも、将来の入居状況の予測には有効であり、その資料は、融資申込みをする時の貴重な資料になります。

平成26年経済センサス-基礎調査	公開(更新)日
調査の概要等［3件］	2016-4-22
事業所に関する集計［1,671件］	
全国結果［53件］	2016-02-19
＋都道府県別結果［1,616件］	
統計表に付帯する情報［2件］	2017-03-02
企業等に関する集計［1,226件］	
全国結果［49件］	2016-02-19
＋都道府県別結果［1,175件］	
統計表に付帯する情報［2件］	2017-03-02
町丁・大字別集計［142件］	2016-03-16
調査区別集計結果について［1件］	2016-03-16

1	平成26年経済センサス-基礎調査 確報集計 町丁・大字別集計								
2					第1表 経営組織(2区分)、産業(中分類)・従業者規模(6区分)別全事業所数及び男女別従業者数—市区町村、町丁・大字				
3									
4					(注) 男女別の不詳を含む。				
5					sanM1.0001	sanM1.0001	sanM1.0001	sanM1.0001	sanM1.0002
6					1	1	1	1	1
7					syu1.0000	syu1.0001	syu1.0002	syu1.0003	syu1.0000
8					0	0	0	0	0
9					A～S 全産業				A～R 全産業(S公務を除く)
10	都道府県	経営組織		市区町村及び町丁・大字	事業所数	従業者数(注)	(従業者数)男	(従業者数)女	事業所数
11	静岡県	総数	22101	静岡市葵区	15177	148692	75939	72689	15108
12	静岡県	総数	22101	一番町 3000003000	65	437	191	246	65
13	静岡県	総数	22101	二番町 26900026900	52	272	170	102	52
14	静岡県	総数	22101	三番町 14200014200	48	214	120	94	48
15	静岡県	総数	22101	四番町 38300038300	26	120	55	65	26
16	静岡県	総数	22101	五番町 12400012400	26	142	66	76	26
17	静岡県	総数	22101	六番町 39000039000	23	62	39	23	23
18	静岡県	総数	22101	七間町 14400014400	237	1697	755	942	237
19	静岡県	総数	22101	七番町 14500014500	13	29	18	11	13

(出典)「平成26年経済センサス-基礎調査結果」(総務省統計局)

2 行政機関との連携をチェック

　日本の人口の現状と将来の姿を示し、今後の目指すべき将来の方向を提示する「まち・ひと・しごと創生長期ビジョン（長期ビジョン）」と、今後数か年の目標や施策また基本的な方向を提示する「まち・ひと・しごと創生総合戦略（総合戦略）」を各地域の行政機関が作成し、実践しています。

　なお、この施策は、平成26年12月27日に閣議決定されました。

長期ビジョン・総合戦略

長期ビジョン

人口問題に対する基本認識　「人口減少時代」の到来

今後の基本的視点
- 3つの基本的視点　①「東京一極集中」の是正　②若い世代の就労・結婚・子育ての希望の実現　③地域の特性に即した地域課題の解決
- 国民の希望の実現に全力を注ぐことが重要

目指すべき将来の方向　将来にわたって「活力ある日本社会」を維持する
- 若い世代の希望が実現すると、出生率は1.8程度に向上する。
- 人口減少に歯止めがかかると、2060年に1億人程度の人口が確保される。
- 人口構造が「若返る時期」を迎える。
- 「人口の安定化」とともに「生産性の向上」が図られると、2050年代に実質GDP成長率は、1.5～2％程度に維持される。

地方創生がもたらす日本社会の姿

◎**地方創生が目指す方向**
- 自らの地域資源を活用した、多様な地域社会の形成を目指す。
- 外部との積極的なつながりにより、新たな視点から活性化を図る。
- 地方創生が実現すれば、地方が先行して若返る。
- 東京圏は、世界に開かれた「国際都市」への発展を目指す。

地方創生は、日本の創生であり、地方と東京圏がそれぞれの強みを活かし、日本全体を引っ張っていく

総合戦略

基本的な考え方

①人口減少と地域経済縮小の克服
②まち・ひと・しごとの創生と好循環の確立

「しごと」が「ひと」を呼び、「ひと」が「しごと」を呼び込む好循環を
確立するとともに、その好循環を支える「まち」に活力を取り戻す。

政策の企画・実行に当たっての基本方針

①政策5原則

従来の施策（縦割り、全国一律、バラマキ、表面的、短期的）の検証を踏まえ、
政策5原則（自立性、将来性、地域性、直接性、結果重視）に基づき施策展開。

②国と地方の取組体制とPDCAの整備

国と地方公共団体ともに、5か年の戦略を策定・実行する体制を整え、
アウトカム指標を原則としたKPIで検証・改善する仕組みを確立。

今後の施策の方向

基本目標① 地方における安定した雇用を創出する
基本目標② 地方への新しいひとの流れをつくる

基本目標③ 若い世代の結婚・出産・子育ての希望をかなえる
基本目標④ 時代に合った地域をつくり、安心な暮らしを守るとともに、
地域と地域を連携する

国家戦略特区・社会保障制度・税制・地方財政等

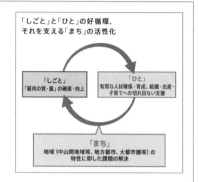

2）埼玉県・さいたま市・川越市の 「まち・ひと・しごと創生総合戦略（総合戦略）」

ここでは、埼玉県とさいたま市、川越市の各「まち・ひと・しごと創生総合戦略」の抜粋を掲載しましたが、日本全国のほとんどの県・市のホームページから、このようなデータを、自由に抽出することができます。自社の現状や将来の成長可能性を勘案しながら、それぞれの行政施策の活用・融和を考えることをお勧めします。

行政機関の施策こそ、自社の経営改善計画の売上予想の重要な裏付けになりますし、地域金融機関にとっても、行政機関との効果的な連携項目になります。このようなことは、地域金融機関では、当然の情報ですが、各企業の融資申込みにおける資料としては貴重なものになります。金融機関の多くは、自行庫の支店担当者のPCからインターネットを自由に見たり、

そのデータを出力することが、情報漏洩やウィルス対策の面からできないことが多いようです。各企業のインターネットなどの関連資料は、金融機関の融資担当者には有難い資料になります。

埼玉県まち・ひと・しごと創生総合戦略
平成27〜31年度

5	地域の特徴に基づく重点課題・施策（参考）………………………………74

　こうした人口の増減や高齢化の状況、地域資源の種類など地域の特徴に応じて、その地域ごとの具体的できめ細やかな戦略を展開していくことが重要である。
　そこで県内を地域振興センターの区域に基づいて12の地域に分け、それぞれの地域の特徴を踏まえ、全県的に展開される施策の中で当該地域で重点が置かれるべきと考えられる課題及び施策を整理して示す。

さいたま市まち・ひと・しごと創生総合戦略
平成27年11月

2	多様な人が働ける環境づくりと就労の促進	1	中小企業の競争力強化による雇用創出	①市内中小企業への専門家派遣件数 ②CSRチャレンジ企業認証企業数［再掲］	2,000件（5年間累計） 125社（5年間累計）	2014年度332件 2014年度19社
		2	戦略的企業誘致の推進と産業集積拠点の創出	①誘致企業数	50件（5年間累計）	2014年度12件
		3	広域連携による産業振興	①広域連携事業実施件数	20件（5年間累計）	2014年度7件
				②物販イベント開催件数	60回（5年間累計）	2014年度4件
		4	多様な人の就労の促進	①就職支援事業による支援者数	29,700人（5年間累計）	2010年度〜2014年度の平均値4,711人
				②女性の再就職支援による就職者の割合	50%以上	2014年度75%

川越市まち・ひとしごと創生総合戦略

平成28年1月

4．川越が取り組むこと

戦略	プロジェクト
戦略1〜川越でしごとをする 地域の特性を活かし、 若者を引きつける働く場をつける	**1　しごと　暮らし　川越** **2　ものづくり長屋　川越** **3　健康食レストラン　川越**

3 ローカルベンチマークのチェック

　各企業について、金融機関が行う企業審査の内容は、このローカルベンチマークの「財務分析シート」と「非財務ヒアリングシート」から、出力されます。この2つのシートから、その企業の内容をほぼ把握することができます。また、このローカルベンチマークの使い方は、経済産業省の「会社が病気になる前に」（172ページ参照）に詳しく出ています。

　なお、ローカルベンチマークの「財務分析シート」と「非財務ヒアリングシート」は、金融機関の審査プロセスにおける「企業審査の第1行程・定量要因分析と第2行程・定性要因分析」に該当します（84・86ページ参照）。もちろん、このデータは各金融機関のデータほど詳しくはありませんが、その抽出項目は重要項目であることから、精査しなければならない例外的な案件ではない限り、金融機関においても、有効に活用できます。また、「非財務ヒアリングシート」の「企業を取り巻く環境・関係者」の項目は、エリア審査の内容にもなっています。

　また、これらの資料を金融機関に提出する場合は、「貴社点数」の異常値や過去2期に比べて大きく変化している項目について、説明の文書を追加することも一策です。

　詳しくは『ローカルベンチマーク～地域金融機関に求められる連携と対話』（中村 中著・ビジネス教育出版社刊）をご参照ください。

財務分析結果シート

● 財務分析診断結果が表示され、6つの指標について業種平均との乖離を把握できます。

● 「印刷」ボタンを付加し、「財務分析結果」、「商流・業務フロー」、「4つの視点」の3シートを一括で印刷できます。

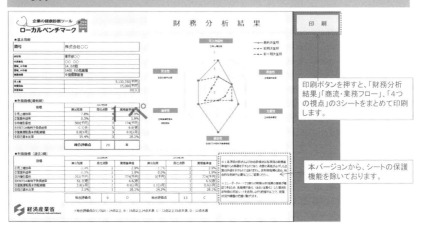

印刷ボタンを押すと、「財務分析結果」「商流・業務フロー」、「4つの視点」の3シートをまとめて印刷します。

本バージョンから、シートの保護機能を除いております。

非財務ヒアリングシート（4つの視点）〜記載例〜

● 4つの視点に基づく非財務情報について具体的に記載し、総括として、現状認識と将来目標を明らかにし、課題と対応策を明らかにします。

4 SDGsのチェック

　金融検査マニュアルは、企業における直近の決算書のBS・PLを重視するものでしたが、SDGsの考え方は、企業を含む地域や長期の視点にウエイトを置くものです。金融機関の融資判断は、支店の課長・副支店長・支店長のラインから本部の審査部の審査役・次長・部長のラインで稟議書を回覧する「縦割り方式」ですが、SDGsの考え方は、地域・支店が総合的な視点で方針を決めて本部が追認するような「横割り方式」になっています。

　金融機関ですから、意思決定は本部が行いますが、SDGsについては、地域の支店や取引先企業の考え方を一層重視しなければなりません。そのためには、融資を受ける企業の金融機関の支店に対して情報開示をすることが一層重要になります。また、そのSDGsに関する情報は抽象的で数値化されないものが大半で、その17目標も「1対1」に符合するような考え方はできず、SDGs案件は複数の目標に少しずつ符合することが一般的であると思います。

　前述のビジネスモデルの「ポイント」におけるSDGsの目標は、各モデルそれぞれ1つの目標の説明にしましたが、普通は、案件ごとに複数の目標となるものと思います。また、ターゲットもインディケーターも同様です。

　ここでは、SDGsに対して、積極的な対応をしている、滋賀銀行と北洋銀行のSDGsの関連情報を抽出しましたが、特に、滋賀銀行の「短期的視点〜SDGsに紐付ける〜」と北洋銀行の「SDGsに係る重点取組テーマ」におけるSDGsの複数目標を見ていただければ、SDGsの考え方が明確になると思われます。

滋賀銀行の経営理念

行 是 1966年制定

自分にきびしく　人には親切　社会につくす

CSR憲章（経営理念） 2007年制定

地　域　社　会
役　職　員
地　球　環　境

共存共栄

SDGｓの活用・・・・どうする！

1．短期的な視点
　　１）ＳＤＧｓに紐付ける（業務のたな卸し）　⇒　17のゴールにリンクする活動
　　２）新たな取り組み
　　　①ニュービジネスサポート資金など新たな金融商品をリリース
　　　②サタデー起業塾「SDGｓ賞」新設

2．中長期的な視点
　　　ＳＤＧｓを経営に統合する
　　　⇒　長期目標の策定と中期経営計画へのリンク（バックキャスティング思考）
　　＜ＳＤＧコンパスの活用＞
　　①優先課題を決定
　　②目標を設定（中長期的目標・・・ＫＧＩ，ＫＰＩ）
　　③経営に統合する（中期経営計画策定、営業推進方針、人事制度等）
　　④報告とコミュニケーション

考えながら走る（Try＆Error）

短期的な視点　～SDGsに紐付ける～

戦略	分類	商品・サービス	CSRリポート掲載ページ	SDGsへの貢献
本業を通じた社会的課題の解決	地域産業振興	エコビジネスマッチングフェア	8	
		サタデー起業塾	5	
		クラウドファンディング	5	
		GAP認証取得サポート	2	
	次世代育成	CSR私募債	2	
		未来リーと定期預金	6	
	金融サービス	エコプラス定期預金	8	
		しがぎん琵琶湖原則	8	
業務における環境課題の解決	エコオフィスづくり	ISO14001、温室効果ガス排出量削減、紙使用量削減、グリーン購入etc.	9	
本業を支えるCSR基盤の強化	人材活用・労働環境改善	人権研修、女性活躍推進、プラチナくるみん、BCP策定etc.	12	
	環境保全・生物多様性保全	いきものがたり活動地域ボランティア	10	
	福祉・文化・その他	しがぎん福祉基金、KEIBUN文化講座、ユニセフ外国募金、オレンジリボン、しがぎんカップetc.	6・8	

北洋銀行

金融機関コード：0501

> サイトマップ　> お問い合わせ　文字サイズ　小　中　大

個人のお客さま　｜　法人・個人事業主のお客さま　｜　株主・投資家の皆さま

ホーム > 企業情報・CSR > CSR > CSR基本方針・北洋銀行SDGs宣言

CSR基本方針・北洋銀行SDGs宣言

当行は、「札幌北洋グループ経営理念」に基づき、CSRを企業の本源的な活動と位置付け、以下のとおり「CSR基本方針」を定めます。
また、「CSR基本方針」に基づき、SDGs達成に貢献していくことを以下のとおり宣言します。

> 経営理念
> CSR基本方針
> ESG取組方針
> SDGsに係る重点取組テーマ
> 北洋銀行SDGs宣言

CSR基本方針のスキーム

経営理念

↓

CSR基本方針

ESG取組方針　　　　　SDGsに係る重要取組テーマ

SDGsに係る重点取組テーマ

1. お客さまとの共通価値の創造

（対応するSDGs目標）

事業性理解に基づく融資や各種ファンドの活用による金融仲介機能の円滑な発揮、地方創生や起業・創業・販路拡大・事業承継等、お客さまのニーズに応じた多様なソリューションの提供、ならびにそれらを活用した、地域の強みである食・観光分野および課題であるモノづくりへの支援を通じて、お客さまとの共通価値を創造し、北海道経済の持続的成長に貢献してまいります。

2. 環境保全

省エネルギー等への全行的取り組みによる自行の環境負荷低減、多様な金融商品を活用した環境配慮型企業・環境成長分野へのサポート、ならびに北海道の生物多様性保全に取り組む個人・団体への助成等により、北海道の自然環境の維持・保全に貢献してまいります。

3. 医療福祉

少子高齢化の先進地域である北海道の実情を踏まえ、医療・福祉機関への経営面のサポートや道内医療大学との連携、ならびに障がい者支援等により医療福祉の充実に貢献してまいります。

4. 教育文化

貯蓄・投資を通じた安定的資産形成に資する金融リテラシーの向上を見据えた金融経済教育の推進、ならびに幅広い質の高い教育文化の振興に取り組んでまいります。

5. ダイバーシティ

女性職員の能力発揮、仕事と家庭・生活の両立に向けたさらなる女性活躍促進・労働環境整備、ならびに外国人職員の活用など、多様な人材が活躍できる組織づくりに取り組んでまいります。

5 資金ニーズのチェックと報告

　現在、使われている金融機関の稟議書（46ページ参照）には、必ず、資金ニーズの記載欄を埋めることになっています（以下の上から3段目まで）。

貸出の種類	金額	利率	期日	返済方法	資金使途
担保					
貸出内容	現在残高	利率	毎月返済額	引当	当初金額	期日
①						

　特に、期日と返済方法、資金使途は、必須項目です。融資が実行され、資金使途に関する資金を支払って、その後に業務活動を行って、返済期日に資金還流がなされるか、毎月返済財源が還流されるか、などを明確に、金融機関に説明しなければなりません。

　企業として、借入金の資金使途が明確にできないこともありますが、その時は、「資金繰り実績・予想表」で、毎月の入金明細と、支払い明細を明確にしてから、真の資金ニーズを金融機関と明確にすることも大切です。これを、借入申請書のトップページに記載することが、ポイントになります。

おわりに

　地方創生に向けて地域密着の産・学・官・金の連携ということが多く唱えられていますが、必ずしも成功しているとは言えません。もちろん、例外的に成功している地域もありますが、現在の少子高齢化や都市部への人口集中の流れは大きなものであり、地域の行政や種々の機関の旗振りだけでは、この大きな流れを食い止めることになっていません。しかし、日本は社会主義国家ではありませんから、中華人民共和国の「人民公社」や旧ソビエトの「ソフォーズ、コルフォーズ」のような国家権力による強制的な施策を講じるわけにはいきません。大多数の人が賛成する説得力のある施策があったとしても、この少子高齢化や都市への人口集中の防止策を行政が無理やり調整することは、今の日本では、とてもできません。やはり、民間の代表である地域金融機関が、前面に出る必要があります。

　また、人口減少を克服し将来にわたって成長力を確保するためには、2015年に国際連合で採択され日本政府の重要施策となった「SDGs戦略」が、地方創生・地域活性化の行動指針になると思います。とは言いながら、施策の浸透スピードは遅ければ、その施策が正しく伝わるとは言えません。金融庁の金融検査マニュアルは、当初はなかなか金融機関の支店の融資担当者にまで浸透しませんでした。そして、浸透した時には、地域社会や中小企業の情勢が変わっており、その効果が当初の目論見とは異なり、弊害を生み出すことにもなってしまいました。金融検査マニュアルにおける引当金の施策は、金融機関の不良債権問題解消要請の下に誕生しましたが、このマニュアルは、多くの地域金融機関には即座に浸透せず、やがて、これが浸透したころには、不良債権問題よりも中小企業の融資を積極的に推進しながら地域活性化を目指す時代になっていました。

　この時に、地域金融機関の融資現場は、金融検査マニュアルのガイドラインの文章を形式的・硬直的に運用してしまいました。金融検査マニュアルで主張された債務者区分（格付け）は、時代に合った実態的で柔軟な運用ができないままに、融資の厳格運用で弊害が目立つようになっていった

のです。浸透するまでに、10年近くの時間を要し、浸透した時には、取引先の情勢や環境が変わってしまい、金融検査マニュアルの文言は多くの金融機関のメンバーに形式的で強制的なものと捉えられるようになり、結局、金融検査マニュアルは廃止の運命になってしまいました。皆に良く理解してもらうためにジックリ浸透することを狙っているうちに、時代が変わり、その弊害が目立つようになってきてしまったということです。やはり、施策はある程度のスピードで進行し、その後の時代の変化に順応していくことも必要です。

　銀行員は、これから、「SDGs戦略」の施策や、取引先の内容や将来性を理解した上で、地域や企業などの実情を踏まえた的確な提案を行っていくことになると思います。しかし、いくら金融機関の支店の融資担当者が、これらの施策を理解して推進していったとしても、地域の企業や住民と交流したり対話をしないならば、「画竜点睛を欠いた行動」になってしまいます。今後とも、地域の金融機関は、より一層地域の企業や住民との関係を深めて、また、その他のステークホルダーとの連携も密にしながら、国や国連の施策である「SDGs戦略」を地域に広げて、地域の創生や活性化に貢献する必要があります。

　ちなみに、ビジネスマン、特に銀行員の生きがい、また幸せ感を味わう時は、外部の人たち、ステークホルダーの方々との良好な関係・対話を持つ時と言われています。この「SDGs戦略」がその懸け橋になることを望んでいます。

　最後に、本書の出版にご助力いただいた、株式会社ビジネス教育出版社の酒井敬男会長、中野進介社長、エディトリアル・プロデューサーの山下日出之氏に、この場を借りて心より感謝申し上げます。

中村　中

〈著者プロフィール〉

中村　中（なかむら　なか）
経営コンサルタント・中小企業診断士
1950年生まれ。
三菱銀行(現三菱UFJ銀行)入社後、本部融資部・営業本部・支店部、岩本町・東長崎各支店長、福岡副支店長等を歴任、関連会社取締役。
2001年、㈱ファインビット設立。同社代表取締役社長。週刊「東洋経済」の選んだ「著名コンサルタント15人」の1人。中小企業金融に関する講演多数。
橋本総業㈱監査役
　著書『新 銀行交渉術 －資金ニーズの見つけ方と対話』『事業性評価・ローカルベンチマーク 活用事例集』『事業性評価融資－最強の貸出増強策』『ローカルベンチマーク～地域金融機関に求められる連携と対話』『金融機関・会計事務所のためのSWOT分析徹底活用法──事業性評価・経営改善計画への第一歩』（ビジネス教育出版社）、『中小企業再生への経営改善計画』『中小企業再生への改善計画・銀行交渉術』『中小企業再生への認定支援機関の活動マニュアル』『中小企業再生への金融機関本部との連携・交渉術』（ぎょうせい）、『中小企業経営者のための銀行交渉術』『中小企業経営者のための格付けアップ作戦』『中小企業金融円滑化法対応新資金調達術』『経営改善計画の合意と実践の第一歩「バンクミーティング」事例集』など（TKC出版）、『融資円滑説明術』など（銀行研修社）、『信用を落とさずに返済猶予を勝ち取る法』など（ダイヤモンド社）、『銀行交渉のための「リレバン」の理解』など（中央経済社）、『中小企業融資支援のためのコンサルティングのすべて』（金融ブックス）他

地域が活性化する
地方創生SDGs戦略と銀行のビジネスモデル

2020年6月15日　初版第1刷発行

著　者　　中村　　中

発行者　　中野　進介

発行所　株式会社ビジネス教育出版社

〒102-0074　東京都千代田区九段南4-7-13
TEL 03(3221)5361(代表)／FAX 03(3222)7878
E-mail▶info@bks.co.jp URL▶https://www.bks.co.jp

印刷・製本／シナノ印刷㈱　装丁・本文デザイン・DTP／㈲エルグ
落丁・乱丁はお取り替えします。

ISBN978-4-8283-0850-0　C2034